VALOR DO BRANDING

EDUARDO TOMIYA

VALOR DO BRANDING

EDUARDO TOMIYA

Editora Senac Rio – Rio de Janeiro – 2024

Senac RJ

Presidente do Conselho Regional
Antonio Florencio de Queiroz Junior

Diretor Regional
Sergio Arthur Ribeiro da Silva

Diretor de Operações Compartilhadas
Pedro Paulo Vieira de Mello Teixeira

Diretora Administrativo-financeira
Jussara Alvares Duarte

Assessor de Inovação e Produtos
Claudio Tangari

Editora
Daniele Paraiso

Produção editorial
Cláudia Amorim (coordenação), Manuela Soares (prospecção), Gypsi Canetti (copidesque e revisão de textos), Vinícius Silva (design)

Impressão: Coan Indústria Gráfica Ltda.

1ª edição: julho de 2024

Editora Senac Rio
Rua Pompeu Loureiro, 45/11º andar
Copacabana – Rio de Janeiro
CEP: 22061-000 – RJ
comercial.editora@rj.senac.br
editora@rj.senac.br
www.rj.senac.br/editora

CIP-BRASIL. CATALOGAÇÃO NA PUBLICAÇÃO
SINDICATO NACIONAL DOS EDITORES DE LIVROS, RJ

T618v

Tomiya, Eduardo
    Valor do branding / Eduardo Tomiya. - 1. ed. - Rio de Janeiro : Ed. SENAC Rio, 2024.
    176 p. ; 21 cm.

    ISBN 978-85-7756-524-5

    1. Branding (Marketing). 2. Marca de produtos - Administração. I. Título.

24-92549
                CDD: 658.827
                CDU: 658.827

Gabriela Faray Ferreira Lopes - Bibliotecária - CRB-7/6643

Dedicatória

Querida esposa Leonice, amor da minha vida, muito obrigado por todo o apoio para este livro e para minha vida.

Espero que possamos curtir este e todos os momentos juntos até ficarmos velhinhos, como sempre dissemos. Valeu!

Eduardo Tomiya

Sumário

Prefácio

Conheço Eduardo Tomiya há muitos anos. Trabalhei toda minha vida com pesquisa de mercado e, como já havia uma combinação perfeita entre pesquisa e análises de valor de marca, nossos caminhos se cruzaram. Assim, estivemos juntos em vários projetos; ele na BrandAnalytics, consultoria que fundou, e eu na Millward Brown, consultoria global de pesquisa de mercado.

Desde que começamos a trabalhar juntos, eu me encantei com tudo o que aprendi. Tive a oportunidade de trabalhar em muitos projetos de marca, mas dar o passo além – como Tomiya dava – e chegar, com base na percepção de consumidores e clientes, ao valor financeiro de uma marca parecia mágica para mim. Eu percebia que esse era, de fato, um dos melhores usos da pesquisa de mercado.

E hoje, depois de trabalharmos há alguns anos na mesma empresa, a TM20 Branding, já entendi toda a lógica e ciência que existe por trás daquilo que parecia mágico para mim.

Mas devo confessar que ainda acho muito mágico o processo. E explico o porquê. Tomiya não só é extremamente capacitado para os projetos de branding e até para os de valor de marca, como tem uma paixão que transpira a cada projeto. Nenhum projeto é igual ao outro.

A escuta ativa dos clientes e suas necessidades reais na retaguarda dos objetivos do projeto trazem uma "textura customizada" ao projeto e Tomiya se debruça em cada caso para extrair o resultado mais preciso para atender às necessidades do cliente.

Começamos um projeto pelos elementos básicos e as camadas vão sendo adicionadas. Essa é a mágica. E o resultado final, invariavelmente, entrega mais ao cliente do que ele antecipava que receberia. É o sonho do consultor realizado! Ir além, sempre além.

E o projeto deste livro não foi diferente. Tomiya começa explicando os conceitos básicos para quem quer aprender mais sobre valor de marca e suas implicações no negócio e no mercado; depois, adiciona as camadas capítulo a capítulo e orienta o leitor, que vai se aprofundando no tema.

Nos primeiros capítulos o leitor terá a resposta objetiva a perguntas que parecem difíceis, como: afinal, o que é branding? E aí, será acrescentada uma camada... o que não é branding?

Nos demais capítulos o texto explica e exemplifica o impacto do branding no valor do acionista e detalha o passo a passo do cálculo de valor de marca fundamentado na pesquisa de mercado com os públicos-alvo das marcas.

E o leitor conclui o livro com o tema arquitetura de marcas, que é hoje um dos maiores desafios das empresas nacionais e global.

Recomendo a leitura a todos que se dedicam a marcas e aos estudantes que se interessam por marcas. Neste livro, Eduardo Tomiya traz conceitos complexos de forma simples, e ainda aproveita para reforçar com todos os profissionais, atuais e futuros, a importância de construir, nutrir, fortalecer e valorizar as marcas, ativo intangível dos mais importantes para as corporações e empresas.

Deixo aqui meu desejo de "boa leitura" e agradecimento a Tomiya, que se encarrega da incansável tarefa de evangelização do mercado em relação ao cuidado que se deve ter com as marcas.

Silvia Quintanilha,
diretora de insights da TM20 Branding

Agradecimentos

Agradeço à minha família: Leonice, esposa amada, companheira e tudo na minha vida; Dudu, filho querido, já um homem; e Bolota, meu filho de pelos.

Agradeço também a meu pai e meu irmão Alberto (*in memoriam*), minha mãe e meus irmãos Cristina e Carlos, família de nascimento.

Não me esqueceria da família que me adotou em Piracicaba: seu João e dona Rosa, pais da Leo, e seus irmãos, Paulo, João, Ivani e Zé (este *in memoriam*).

Minha família do judô não ficaria de fora: sensei Luiz Catalano (*in memoriam*), Fernando e Bel Catalano, e todos os meus amigos da antiga Judokan.

Agradeço ainda a Silvia Quintanilha, Cauê Nascimento, Carlos Dadoorian, Mayara Naif e Crislane Nunes, eternos companheiros da TM20 Branding. Um obrigado especial a Eduardo Gomes, também companheiro da TM20 Branding, que me ajudou muito na formatação final deste livro.

Nem poderia esquecer Paulo Roberto Esteves, Ismelon Correa, Clebio Mattioli, José Roberto do Rego, Roberto Kanegae, Fabio Armada e todos os meus amigos da Poli-USP.

Muito importante o agradecimento ao pessoal da Editora Senac Rio que trabalhou nesta obra: Manuela Soares, Cláudia Amorim e Gypsi Canetti.

Merecem agradecimento também os amigos do Grupo WPP: David Roth, Nick Cooper (diretor-executivo da Landor Brand Performance) e Marcelo Bicudo (CEO da Design Bridge).

E, por fim, agradeço a meu Palmeiras, time querido, paixão eterna e maior campeão brasileiro! Verde, cor de todas as empresas que fundei e dos meus cinco livros.

*Tudo vale a pena
quando a alma não é pequena.*

Fernando Pessoa

Introdução

Desde que escrevi o livro *Valor do branding no novo normal* (2020), passamos com muita resiliência por uma das piores crises mundiais, consequência da pandemia da covid. Esse acontecimento mudou muito nossos hábitos, a maneira como consumimos produtos e interagimos com pessoas, além das formas de trabalho. Com isso, perdemos alguns amigos e outros tiveram crises, tais quais burnouts. Uma crise que, com certeza, nos transformou em seres humanos distintos. Hoje vemos a febre da inteligência artificial e os inúmeros desafios para nosso país, que conta com muita desigualdade social, mas também muitas oportunidades.

Depois do convívio que tive com meu filho Dudu – hoje com 18 anos –, minha esposa Leo e meu cachorro Bolota – hoje com 5 anos – na época da covid, voltamos hoje a uma vida muito parecida com a que tínhamos anteriormente.

E nesse período de quatro anos, fundei a TM20 Branding (empresa que tem "20" no nome para nos lembrarmos desse ano). O tema branding e valor do acionista ficou então muito evidente, tendo evoluído muito pela necessidade de buscar o Santo Graal do mundo dos negócios: "gerenciar o valor dos ativos intangíveis da empresa", como enfatizam a seguir Kaplan & Norton.[1] E dentro dos ativos intangíveis da empresa, a marca e sua cultura organizacional ganham espaço de destaque.

Com a realização de projetos no Brasil e em outros países do mundo, consolidamos, em 2024, a TM20 Branding como uma das mais importantes consultorias do mercado.

---

1 Kaplan, Robert; Norton, David. *Medindo a prontidão estratégica dos ativos intangíveis.* Massachusetts: Harvard Business Review. 2004.

Publiquei quatro livros sobre o tema branding: *Valor do branding no novo normal*,[2] *Branding analítico: métodos quantitativos para gestão da marca*,[3] *Gestão do valor da marca: como criar e gerenciar marcas valiosas*[4] e *Brand value management: da estratégia de marca ao valor do acionista*.[5] Essas obras desenvolviam bastante o tema gestão do valor da marca e métodos quantitativos para o branding, e minha visão era abordar, de maneira consolidada, temas comuns em inglês, dispersos, e que muitas vezes não estavam adaptados à realidade brasileira. Estruturei vários cursos sobre branding com essas referências, bem como lecionei nas mais renomadas escolas de negócios e de marketing do Brasil. E entendo que sua atualização e melhoria seria um conteúdo bastante útil para o atual momento de pós-covid que todos estamos vivenciando.

Tive uma carreira bem diversa, a começar pela minha formação acadêmica analítica. A experiência como sócio de corporate finance da Trevisan Consultores em plena década de 1990, quando houve uma série de fusões, fez com que eu ficasse especializado em valor de negócios (dos ativos intangíveis). Fui o primeiro funcionário da Interbrand Brasil e diretor de brand valuation para a região da América Latina, Portugal e Espanha por mais de cinco anos. Em 2006, fundei com outros sócios a BrandAnalytics e depois tornei-me diretor-geral. Em 2013, vendemos a empresa para a Millward Brown, anteriormente Grupo WPP (WPP.PLC) e hoje Bain Capital.

Sempre atuei como diretor-executivo de consultoria para a América Latina, e até o mês de julho de 2020 éramos uma divisão da Kantar. Nesse período todo, desde 2003, fui o responsável pela publicação que sempre estampou a capa da revista *Isto É Dinheiro*, "As marcas mais valiosas do Brasil", que a partir de 2009 utilizou a metodologia do BrandZ.

E quem me conhece sabe que eu era muito mão na massa, *hands-on*. Liderei e conduzi, de 1995 a 2023, mais de 500 avaliações de empresas e de marcas, emitindo pareceres independentes de valor da marca/royalties para inúmeras operações financeiras e estabelecen-

---

2 Tomiya, Eduardo. *Valor do branding no novo normal*. Rio de Janeiro: Editora Senac Rio, 2020.
3 Tomiya, Eduardo. *Branding analítico: métodos quantitativos para gestão da marca*. São Paulo: Editora Atlas, 2014.
4 Tomiya, Eduardo. *Gestão do valor da marca: como criar e gerenciar marcas valiosas*. Rio de Janeiro: Editora Senac Rio, 2008.
5 Tomiya, Eduardo. *Brand value management: da estratégia de marca ao valor do acionista*. São Paulo: BrandAnalytics Consultoria, 2004.

do métricas analíticas para o branding. Desse modo, o marketing foi transformado de centro de custo para unidade de negócio, provando seu valor financeiro para todos os níveis da organização. "O que é branding? E o que não é?" é o tema do Capítulo 1, com conceitos sobre as definições mais básicas e orientações para entender o branding como um ciclo ou um processo que denomino "gestão do valor da marca", além de definição do que não é branding. Descrevo alguns casos de branding, como casos de sucesso e fracasso: Corona, Apple, Snapple (quando foi adquirida pela Quaker), New Coke, Perfumes Harley-Davidson, Unibanco e Vioxx.

No Capítulo 2, desenvolvo um pouco o tema central deste livro, mostrando evidências do link entre branding e valor do acionista. Trouxe entrevistas com um conjunto de board members e executivos sobre o branding e valor do acionista. E deixo na parte final uma reflexão sobre esse conceito. Trago experiências de cases de utilização do valor da marca pelo mercado financeiro, como Klabin, Casa & Video e Sírio-Libanês. (Para esclarecer, tais informações são públicas e não confidenciais.)

Daí em diante, no Capítulo 3, coloco um ponto bem importante que sustenta esse processo com muita clareza sobre valor da marca. Faço amplo levantamento sobre as metodologias atuais e uma abordagem pessoal sobre essas metodologias. Sem dúvida, algumas referências internacionais são bem importantes e me identifico muito com algumas, como Jan Lindemann, autor de *The economy of brands*.[6] Aqui também a norma ISO 10668 pode adicionar valor, pois estabelece parâmetros para um processo de valor da marca. No fim do capítulo trago uma série de perguntas que são comuns em minha experiência sobre o tema.

No Capítulo 4 talvez uma das maiores utilizações do valor de marca esteja em seu monitoramento, ou seja: o que pode ser medido, pode ser gerenciado (gets measured, gets done). São inúmeros os clientes que conquistamos via projeto, muitas vezes com algum objetivo financeiro. O conceito de valor de marca é validado, portanto, por CEOs, CFOs e usado como KPIs de monitoramento de áreas como marketing, comunicação, tornando-se em diversos casos métrica dos executivos de marketing.

O Capítulo 5 serve como ponto de partida do processo de branding – na verdade, um grande alicerce.

---

6   Lindemann, Jan. *The economy of brands*. Londres: Editora Palgrave Macmillan, 2010.

Para alguns, seria preciso entender necessidades não atendidas de mercado e basear-se nisso para estruturar a proposta de valor de sua marca. Eu discordo um pouco dessa visão.

Há um diagnóstico inicial que antecede a isso, o qual pode ser tanto revelar a identidade da marca – nossos valores, nosso propósito – quanto estabelecer uma conexão com o *day-after*, ou seja, quais são os impactos no negócio e, óbvio, qual é nossa percepção externa (e necessidades não atendidas). Uso aqui a ferramenta que emprego muito em minhas aulas e adoto em projetos, o prisma de identidade de Kapferer.

Jamais terceirize o processo de posicionar sua marca aos consumidores ou a uma pesquisa de mercado. Tampouco busque apenas o crescimento sem direção ou exclusivamente as oportunidades.

Mostro, ainda, um levantamento sobre metodologias de posicionamento de marcas e detalho uma ferramenta de posicionamento de marcas. Comento aqui os casos de marcas valiosas, como: IBM, Banco Real, LG no Brasil, O Boticário, Positivo, Cosan e Apex.

Acho que a questão mais importante de um processo de brand valuation seria um uso bem importante da ferramenta, o que é abordado no Capítulo 6. Um dos temas mais importantes nesse capítulo é o do valor da marca, que daria suporte a esse processo de maneira analítica, quantificando cenários de impactos no valor da marca.

Veremos aqui dois casos ou análise de papers que uso bastante em sala de aula:

1. Marcas em processos de fusão e aquisição

2. Branding do segmento de varejo do Citigroup

No Anexo conto minha trajetória pessoal, assim como o que observei com relação à evolução do tema branding.

No contexto atual de ruptura de categorias e consolidações, espera-se uma série bem grande de fusões e aquisições, então, com certeza, esse ponto é bem importante.

Capítulo 1
O que é branding?
E o que não é?

Your brand is what other people say about you when you're not in the room. [Sua marca é o que outras pessoas falam de você quando você não está na sala.]

Jeff Bezos[1]
CEO da Amazon

Resumo do capítulo

Neste capítulo, faço um levantamento das principais definições de branding de vários autores.

Como bom consultor, gostaria de trazer também as definições do contrário: o que não é branding, com seus principais erros classificados em mimetismo, oportunismo e idealismo. Vale a pena ver os casos de Quaker Snapple, New Coke, Perfumes Harley-Davidson e Unibanco.

---

1 Arruda, William. "The most damaging myth about branding". In: *Forbes Magazine*. Disponível em: https://www.forbes.com/sites/williamarruda/2016/09/06/the-most-damaging-myth-about-branding/?sh=33f5bce85c4f. Acesso em: jan. 2023.

Mas o que é marca?

O termo *brand* vem do escandinavo *brandr* (*to burn*, queimar). Marcas eram (e ainda são) os meios pelos quais os donos de rebanhos identificavam seus animais.

Existem seis definições – todas corretas – que podem nos auxiliar na melhor definição do termo.

Gostei muito da definição que o site Entrepreneur[2] traz de branding em sua enciclopédia:

> *De maneira muito simples, sua marca é sua promessa ao seu cliente. A marca diz a eles o que podem esperar de seus produtos e serviços, e diferencia sua oferta da de seus concorrentes. Sua marca é derivada de quem você é, quem você quer ser e quem as pessoas percebem que você é.*

A seguir, como bom acadêmico, faço um apanhado de algumas referências e comento cada uma delas com o contexto atual do novo normal. Mas nada melhor que o simples para ajudar vocês a entenderem esse conceito, que pode ter uma profundidade muito grande.

Marcas fazem a diferença no processo de decisão de compra e de intenção dos seus públicos

Segundo Al Ries: "Na perspectiva dos negócios, marca no ambiente competitivo é como marca na fazenda. Um programa de branding é utilizado para diferenciar o seu gado do de outras fazendas."[3]

De fato, a escolha de compradores no supermercado da vida (em quase todos os processos de decisão de compra) leva a uma imediata diferenciação no processo de decisão de compra. E hoje, o supermercado da vida é um processo integrado de vendas físicas e e-commerce.

---

2 "Branding". In: *Entrepreneur*. Disponível em: https://www.entrepreneur.com/encyclopedia/branding. Acesso em: jan. 2023.

3 Ries, Al; Ries, Laura. *The 22 immutable laws of branding: how to build a product or service into a world-class brand*. Londres: HarperCollins, 2002.

Também os públicos estratégicos não podem ficar limitados aos consumidores finais, devem abranger todos os públicos que querem se relacionar com a marca, como:

- formadores de opinião;

- colaboradores (hoje são as pessoas que escolhem as empresas);

- fornecedores e parceiros (há marcas tão fortes que parceiros e fornecedores querem ter o endosso de uma marca valiosa, formando os ecossistemas de marca);

- comunidades locais;

- sociedade;

- organizações sem fins lucrativos;

- universidades.

Diferenciar-se nunca foi tão importante como nos tempos atuais. A distinção pode ser feita entre vários públicos e, agora, categoria, tendo esta definição própria. No Capítulo 2 detalharemos o tema valor da marca, com casos de reconhecimento desse valor junto à comunidade financeira.

Por exemplo, como a percepção pode agregar valor na hora de a empresa contratar um profissional? Muitas vezes, marcas valiosas não pagam salários mais altos, pois em alguns casos colaboradores escolhem a marca mais por identificação que por remuneração. E são inúmeros os casos como esse, ou seja, a marca empregadora pode agregar um substancial valor à empresa, em geral.

Marcas não são somente nome, logotipo, embalagem e design. Marcas fortes são criadas com base em sua experiência total, ou seja, em um histórico consistente de promessa e entrega. Com o advento das redes sociais, consumidores empoderados e e-commerce, vemos que uma promessa mal entregue pode ser destrutiva para a marca.

Peçam aos consumidores que descrevam um produto de uma marca, e muito provavelmente eles não vão descrever os termos, símbolos ou designs da marca. Eles vão responder com adjetivos que descrevem as qualidades das marcas. Marcas são reconhecidas e entendidas em um nível emocional, no posicionamento pelo qual seus fundadores conceberam.[4]

Esse talvez seja um grande motivo pelo qual a marca é o ativo mais valioso e proprietário dos seus acionistas: é construído por uma série de experiências que o consumidor tem com a marca. É aquela história de ter tanta consistência em um estilo de vida, que vira propriedade da marca. Portanto, torna-se ativo porque tem um potencial de geração futura de lucros de maneira sustentável.

Muitos caem ainda na tentação de que a marca é exclusivamente associada aos temas criativos e publicidade. Mas, na realidade, o logotipo, o nome, a embalagem, a comunicação ou o design são consequência de uma estratégia de marcas, que reflete não apenas a cultura organizacional mas também os objetivos dos acionistas, o contexto de negócios e, em particular, a articulação de um posicionamento de marca, que deve ser diferencial, relevante e crível. Na verdade, o que importa é o que está por trás da marca.

E hoje, com a ruptura de categorias, marcas novas são estabelecidas com muita velocidade, e talvez o único escudo das marcas tradicionais de grandes empresas seja esse brand equity.

No entanto, esse brand equity corre um risco enorme de ficar antigo, pois, em função da categoria em que atua, da queda de barreiras de entrada e de novos players que preenchem lacunas, sua oferta atual pode passar a obsoleta com muita facilidade. Vários autores defendem que o melhor meio para revitalização de uma marca é expandir sua atuação para novas categorias e repensar sua definição de concorrentes.

Talvez esse seja um problema bem sério – ou o mais sério –, uma vez que a noção de quem seria o concorrente mudou muito. E mudaram também os entrantes, com vantagens competitivas indiscutíveis já que haviam sido criados nesse novo ambiente. Por exemplo, veja o caso dos canais de televisão, que no passado pensavam que os únicos concorrentes eram as próprias emissoras; a briga pelos indicadores de audiência entre eles era

---

4   David, Arnold. *Handbook of brand management.* Nova York: Random House Business. 1992.

bastante feroz. Com a convergência dos meios e tendência digital, seus concorrentes são marcas como Google, Netflix, YouTube e até mesmo Amazon, que estão construindo substancial valor de marca (basta ver a lista das marcas mais valiosas do mundo e lá estão essas aí) com consistência de experiência com a marca – o que se torna chave para o sucesso.

> *Minha impressão é que, em marcas tradicionais e consolidadas, há uma bela dose de arrogância por parte de seus executivos ao menosprezar pequenos players. Mas o que está por trás disso é um comodismo e medo do novo normal. Enquanto isso persistir nas empresas, elas não vão nunca se inovar. Nada melhor que uma crise para levantar a necessidade de mudanças. Um bom exemplo é o mercado financeiro, atualmente dominado pelos bancos digitais.*

Assim, essa atitude menos arrogante proveniente das grandes empresas e o estabelecimento de um processo de construção de marcas passam a ser vitais. Primeiro, temos de definir uma estratégia de marca, depois fazer com que essas organizações mudem muito rapidamente, e de maneira alinhada.

Isso é difícil de acontecer sem um processo estruturado de branding. Quando me refiro a esse processo, quero dizer que não se limita a um logo, uma campanha de publicidade, mas a algo estruturado de modo a entender a identidade de marca, entender necessidades de consumidores, entender os pontos fortes e fracos e articular a estratégia. E, obviamente, quando falo em identidade de marca, enfatizo um tema cultural muito forte. Veremos esse ponto com mais detalhes no Capítulo 5.

Mais que entregar o que prometeram, marcas fortes superam suas promessas, criando a imagem de que, naquela marca, alguém pensa em mim e já refletiu sobre os problemas:

> *"What are the great brands? Levis, Coke, Disney, Nike. Most people would put Apple in that category," he says. "You could spend billions of dollars building a brand not as good as Apple. Yet Apple hasn't been doing anything with this incredible asset. What is Apple, after all? Apple is about people who think 'outside the box', people who want to use computers to help them change the world, to help them create things that make a difference, and not just to get a job done."[5]*

---

5   Booth, Cathy. In: *Time Magazine*. Disponível em: https://allaboutstevejobs.com/verbatim/interviews/time_1997. Acesso em: 18 ago. 1997.

Vejam, por exemplo, um extrato do manifesto da marca Apple:[6]

> "Somos engenheiros e artistas
> Artesãos e inventores
> Nós assinamos nosso trabalho
> Você pode vê-lo raramente
> Mas você sempre pode senti-lo
> Esta é nossa assinatura
> E quer dizer tudo."

O tagline "Pense Diferente" em todos os pontos de contato com os públicos estratégicos nos mostra que não basta ter um histórico de promessa e entrega. Marcas fortes, na verdade, estão sempre superando as promessas da marca e entregando muitas vezes mais que a expectativa inicial. Isso faz com que cada consumidor daquela marca crie mitos ao ficar com a nítida sensação de que "alguém naquela empresa está pensando nos meus problemas e, se isso for verdade, eu sempre terei a melhor solução". Como se pode observar, o comportamento desse consumidor é um pouco diferente daquele cuja expectativa é a de que "alguém resolverá meus problemas". Indo além, essa empresa fará com que o seu consumidor sinta como "alguém já pensou nas soluções de problemas que eventualmente eu possa ter". E isso se dá mesmo após a morte de Steve Jobs. Analisaremos no Capítulo 5, que trata também de posicionamento de marcas, esse caso de incrível sucesso que é a Apple.

Essa promessa e esse posicionamento podem parecer antigos, mas até setembro de 2023, no lançamento do Iphone 15, os princípios continuavam os mesmos.

O processo de construção de marcas guarda analogia com um iceberg. A parte visível normalmente são os pontos de contato da marca com seus públicos externos; a parte invisível, seus colaboradores, sistema de valores e cultura.

---

6   Há uma certa confusão entre os termos tagline, manifesto e propósito da marca. O manifesto da marca normalmente é um documento criado para os colaboradores como ferramenta para disseminar a cultura e o propósito da marca. Já o tagline é uma forma sintética do conteúdo de um propósito da marca e costuma ser usado para comunicações com o público externo da marca. Agência TBWA. Disponível em: https://www. adsoftheworld.com/media/print/apple_our_signature. Acesso em: jan. 2023.

Em 2018 dei uma entrevista à revista *Pequenas Empresas & Grandes Negócios*[7] e gostaria de extrair parte dela, pois acho bem coerente com o tema mencionado:

Na parte externa, visível à superfície pelo mercado e pelos consumidores, estão os logotipos, as embalagens, os nomes, os produtos ou os serviços, ou seja, tudo aquilo que é mais palpável; e na outra, submersa, um corpo estruturalmente grande, construído por processos internos, equipes, stakeholders etc., sustentando e dando vazão às promessas que dão subsistência à marca.

Todavia, muito embora essa estrutura esteja abaixo da linha do mar, não significa dizer que está escondida. Com o advento tecnológico das redes sociais, as águas que hoje circundam esse iceberg são muito mais transparentes e exigem, portanto, uma atualização de toda a teoria e técnica, colocando em pauta e abrindo uma nova discussão sobre esse novo papel das marcas na sociedade, tornando possível mapear e redescobrir a essência e o respeito dessas perspectivas em seu fulcro.

Desse modo, qualquer empresa que já atua ou almeja iniciar uma trajetória de sucesso no mercado não pode mais abrir mão do fator marca.

Alguns me perguntam como os temas cultura e marca dialogam. Em minha opinião, os alicerces de cultura organizacional, quando percebidos pelos públicos externos, são os diferenciais competitivos mais sustentáveis de uma empresa. Uma possível definição de branding seria a integração entre cultura organizacional e a percepção de todos os seus stakeholders.

Em um evento no Senac Rio Sumit de 2023, onde tive a honra de palestrar, questionaram como o princípio de branding pode ser aplicado à marca pessoal ou marca da pessoa.

Em uma postura bastante simplista, seria mais ou menos assim: jamais comunique externamente o que você não é, ou algo muito diferente do que você é ou de fato pensa. O risco de parecer um discurso "marketeiro" é imenso, comunicando atributos que não colam com sua pessoa. E hoje,

---

7 "Branding: como gerenciar sua marca e transformar seus clientes em fãs". In: *Pequenas Empresas & Grandes Negócios*. Disponível em: https://revistapegn.globo.com/Opiniao-Empreendedora/noticia/2018/05/branding-como-gerenciar-sua-marca-e-transformar-seus-clientes-em-fas.html. Acesso em: 14 mai. 2018.

com os inúmeros pontos de contato, o descuido em um desses pontos de contato pode ser fatal. Em tempos atuais, como sempre digo, o que "dá Ibope" são notícias ruins, portanto idealmente você deve potencializar de fato o que você acredita. E sempre recomendo o mesmo para as empresas: jamais comunique algo que você não tenha convicção de que pode entregar e continuamente superar a percepção; caso contrário, vira um discurso falso. Sem dúvida, alguém vai descobrir e, pior, tornar público.

"A marca se inscreve em uma lógica de diferenciação da produção. A empresa ambiciona responder melhor às expectativas de uma certa clientela e se concentra em fornecer aos clientes, de maneira constante e repetida, a combinação ideal entre atributos tangíveis e intangíveis, funcionais e hedonistas, visíveis e invisíveis, em condições economicamente favoráveis."[8]

O texto anteriormente destacado sintetiza muito bem o tema marcas, ou seja, é a entrega constante e repetida de uma combinação de atributos que, no fundo, resulta em como o consumidor constrói sua percepção.

Consistência me parece uma palavra-chave nesse processo. Vamos pegar um caso como o de Natura. Nitidamente, em todas as ações dessa marca houve consistência. Certa vez escutei de um executivo da empresa que "sustentabilidade é premissa na Natura". E, decerto, para ajudar nesse processo, ter uma declaração de posicionamento da marca na mente de cada colaborador, das consultoras, dos investidores e dos consumidores é crucial para a marca ser tão valiosa. Sem essa declaração nas mentes das pessoas, com certeza o risco de falta de consistência é enorme.

Outro ponto importante da afirmação é que ela derruba uma grande mistificação ainda existente entre muitos: a de que as marcas só podem estar associadas a atributos exclusivamente emocionais. Mais adiante, falaremos do emocional branding que Holt coloca como sendo um caminho não muito recomendável na visão do autor e na minha. Mas, como menciona Kapferer, é uma combinação de atributos tangíveis e intangíveis na mente dos consumidores.

Um tema que está muito em voga é o "client centricity" ou "customer centricity". Nesse conceito, todas as ações da empresa são orientadas para atender às necessidades do consumidor.

---

8   Kapferer, Jean-Noël. *The new strategic brand management: creating and sustaining brand equity long term*. Londres: Kogan Page, 1997.

O problema é que em alguns complexos industriais, ou grandes fábricas, o princípio é um pouco diferente. O princípio é um "client centricity quando for possível". O objetivo da empresa está em ocupar a capacidade industrial, custe o que custar. Certa vez, escutei do diretor de uma grande empresa de automóveis: "Em primeiro lugar, o PCP (Planejamento e Controle da Produção) deve priorizar lotes maiores, menores tempos de preparo de máquina (setup), mesmo que produza produtos com menor valor agregado."

Esse princípio, comum demais nas empresas com vocação industrial, ainda hoje funciona, mesmo que elas coloquem em seus sites que são "client centric". Como disse, "client centricity quando for possível".

E minha sugestão é: busquem autenticamente orientar suas empresas para as necessidades dos clientes, assim como potencializar os atributos funcionais e emocionais que fazem parte de sua cultura.

No fim, a diferenciação dos produtos e serviços, como a lealdade dos consumidores geram valor aos seus acionistas, sendo a marca um dos ativos mais valiosos da empresa. Daí a necessidade de serem administrados com muito zelo, rigor e cuidado.

Segundo Keller, ao criar esses diferenciais – percebidos por seus produtos via branding – e desenvolver a lealdade de seus consumidores, o marketing cria valor, que pode ser traduzido nos resultados financeiros da empresa. Na realidade, em muitas empresas, esse ativo é muito mais valioso que os ativos tangíveis, como fábricas, equipamentos ou prédios. Os ativos intangíveis, como sistemas de gestão, expertise em marketing, finanças e operações, têm, nas suas marcas, um elemento importante.

Em todos os programas bem-sucedidos de branding, as empresas entenderam que o branding não é um ponto, mas, sim, um processo de gestão muito bem estabelecido.

O que Apple, Netflix e Space X fizeram em comum? Uma resposta seria "grandes produtos", mas não é a única. Afinal de contas, a Apple não inventou o smartphone; a Netflix certamente não foi a primeira empresa a alugar filmes por correio ou pela internet. Na realidade, elas foram capazes de implementar o desejo de se engajar de forma disruptiva e pensar em maneiras radicais de melhorar e evoluir – incluindo sua marca.

Nesses momentos de ruptura, tais marcas foram verdadeiros casos de sucesso. E na obra *Disruptive branding: how to win in times of change*,[9] os autores enfatizam que a marca vem de um "brand ideal" e que o processo muito bem implementado pode ser o grande diferencial competitivo mesmo no contexto de ruptura.

Hoje, talvez isso seja mais importante que nunca, pois temos de obedecer à equação de ser muito rápidos, entender as possibilidades e necessidades de nossos públicos, mas ao mesmo tempo respeitar nossos valores.

Então, qual é a definição de branding?

Em 2001 a AMA (Associação Norte-americana de Anunciantes) reuniu especialistas com o intuito de buscar uma definição para o tema. O resultado dessa reunião foi a seguinte definição:

O consenso obtido nessa discussão é que a marca representa o negócio. O negócio não é simplesmente o reflexo de uma declaração feita do nada. O negócio é um reflexo de todos: seus colaboradores, seus parceiros, seus fornecedores e seus consumidores.

A marca efetivamente representa a cultura de todos que têm contato com o negócio.[10]

Aqui, é claro que essa definição possibilita uma excelente reflexão sobre a multiplicidade do tema. Sempre que colegas e amigos perguntam o que eu faço, digo: trabalho com consultoria de marcas.

Invariavelmente, a primeira reação deles (meus amigos) é perguntar se eu trabalho com registro de marcas ou se crio logotipos. E continuam, dizendo que me imaginavam na área de negócios – como se ambos fossem totalmente antagônicos. Há, então, reações do tipo: "Ah, então você trabalha com pesquisa de mercado?"

Não é de surpreender. Alguém da minha geração teve noção do que é branding ou gestão de marcas na graduação? Não! Não obstante, é

---

9   Benbunan, Jacob; Schreier, Gabor; Knapp, Benjamin. *Disruptive branding: how to win in times of change*. Londres: Kogan Page, 2019.
10 AMA. Disponível em: https://www.ama.org/topics/branding. Acesso em: jan. 2023.

uma indústria relativamente nova na configuração que se busca hoje. A primeira consultoria de marcas que existe nessa configuração foi fundada em 1972.

Em minha visão, uma possível definição para branding é:

> **O branding é um processo estruturado, consistente e integrado, que garante a melhoria contínua da entrega da promessa da marca, desde a definição do seu propósito e valores culturais até seus pontos de contato com seus públicos estratégicos. A consistência no tempo dessa entrega gera um substancial valor aos acionistas que deve sempre ser monitorado.**

O que não é branding?

Com base nessas definições, talvez o caminho da negativa seja a melhor maneira de definir o que uma marca compreende (aliás, como uma forte marca de refrigeradores já fez em algumas campanhas). Então, vamos lá!

Marca não é somente:

- o logotipo;
- o nome;
- a propaganda;
- uma publicidade;
- o manual de identidade visual.

Em minhas aulas, gosto de usar o exemplo de como marcas são construídas. Basta ver o caso da Apple, que se inicia pelo processo tradicional de construir uma marca, com logotipo, produtos, propagandas e redes sociais. Um detalhe é a campanha da marca Apple no Brasil em parceria com a TIM, cuja estrela é o Rodrigo Santoro. Um tempo atrás talvez não fosse possível pensarmos em uma personalidade de marca sem pensarmos em Steve Jobs, o que poderia ser um risco enorme ao negócio. Mas com muita competência, a marca foi maior que seu criador e fundador, e continua sendo um ativo valioso.

Mais uma vez, tudo isso é muito importante, ou seja, todos os pontos de contato da marca criam expectativas muito favoráveis para a marca.

Igualmente importante, ou até mais importante, é quando os consumidores usam os produtos, testam seus serviços e percebem uma experiência única de marca. E geram consumidores tão leais a ponto de termos, como no caso da Harley Davidson, consumidores leais que chegam a tatuar a marca em seus corpos.

A consistência entre a promessa e a entrega da marca produz o que chamamos de brand equity, e torna a marca muito valiosa.

Portanto, a marca não é exclusivamente responsabilidade do marketing, mas de todos da corporação, incluindo-se as unidades de fabricação, canais de venda e equipe de suporte.

E uma falha em algum ponto de contato pode ser extremamente prejudicial para a marca, pois, como já mencionei, notícias ruins se difundem em uma velocidade incrível com o advento das redes sociais.

Uma das melhores obras para ilustrar algumas dessas falhas é o livro *Brand failures: the truth about 100 biggest branding mistakes of all time*,[11] que reúne 100 brand failures. Nesse livro, as falhas (erros de postura) são classificadas em: clássicas (New Coke), de ideia, de extensão de marcas (Harley-Davidson em perfumes), de gestão de crises (contaminação da Perrier), de cultura (aquisição da Snapple pela Quaker), de pessoas (Enron, Arthur Andersen), de rebranding (rebranding da British Airways), de internet (pets.com), de "marcas cansadas" (Kodak, Polaroid, K-mart, Levi's).

A obra de Haig pode ser classificada em três grupos de erros: mimetismo, oportunismo e idealismo. Esses casos são ótimos para evitarmos cair em armadilhas no momento de posicionarmos a marca.

Mimetismo

A marca, em vez de buscar a identidade própria, procura seguir os líderes de seu mercado e pode perder sua essência.

Um dos exemplos foi a New Coke, em 1985. Como nos é contado no livro mencionado, a Coca-Cola decide tirar de linha seu mais popular

---

11 Haig, Matt. *Brand failures: the truth about 100 biggest branding mistakes of all time*. Londres: Konan Page, 2011.

refrigerante e substituí-lo por uma nova fórmula, denominada New Coke. Esse caso foi também abordado em matéria da *Exame*.[12]

Na guerra das colas (Coca-Cola *versus* Pepsi-Cola), em 1950, após a Segunda Grande Guerra, a marca Coca-Cola vendia quatro de cinco colas no mundo. Já na década de 1960, porém, a Pepsi se posiciona como marca mais jovem. Em um primeiro instante, a estratégia da Pepsi poderia significar um risco para ela própria, pois, de alguma maneira, deixava para a Coca-Cola todo o público mais velho. Contudo, provou ser uma ofensiva muito bem-sucedida.

Em 1970, a Pepsi lança o posicionamento Pepsi Challenge e continua sua ofensiva mundial na década seguinte, daquela vez com a chegada do Pepsi Generation. Em 1984, a posição de liderança da Coca-Cola já não era tão distante; assim, a empresa decide lançar o novo refrigerante, com sabor mais doce. O problema com o qual a Coca-Cola não devia contar era a força de sua marca ou a cultura que estava estabelecida em seus públicos externos – ou seja, a identidade da marca.

Tão logo foi anunciada a New Coke, grande parte da população fez um boicote ao produto. Em 23 de abril de 1985, a empresa iniciou a produção da New Coke. Em 11 de julho do mesmo ano, a Coca-Cola declara em comunicado oficial: "We heard you" (Nós ouvimos vocês).[13]

A produção da New Coke foi interrompida e a empresa se voltou para a fórmula original. Houve, inclusive, boatos de que tudo não passou de estratégia, algo feito para que as pessoas valorizassem a bebida e mantivessem a tradição da Coca-Cola em suas vidas. Em comentário, o CEO da Coca-Cola da época, Donald Keough, menciona:

A verdade é que não fomos nem tão geniais assim nem tão inocentes assim.[14]
Donald Keough, CEO da Coca-Cola na época da New Coke

Veja que interessante a declaração do principal rival da Coca-Cola, o CEO da Pepsi à época, Roger Enrico, que menciona o caso como sendo um grande aprendizado para a empresa:

---

12 "O que o caso New Coke ainda pode ensinar". In: *Exame*. Disponível em: https://exame.com/marketing/o-que-o-caso-new-coke-ainda-pode-ensinar/. Acesso em: 27 out. 2010.
13 Haig, Matt. *Brand failures: the truth about 100 biggest branding mistakes of all time*. Londres: Konan Page, 2011.
14 Haig, Matt. *Brand failures: the truth about 100 biggest branding mistakes of all time*. Londres: Konan Page, 2011.

Sobre esse caso, que para mim foi demonstração de extrema maturidade, a The Coca-Cola Company publica em seu site um documento sobre a New Coke.[16]

O problema do mimetismo fica nítido quando deixamos de lado nossa identidade. Muitas vezes nos esquecemos de quem realmente somos. E a concorrência, a competição, sempre nos coloca diante da tentação de fugirmos de nossa identidade e de nossos valores. Quando isso acontece, há grande risco de um posicionamento de marca fracassado.

Em muitas situações (como essa da New Coke), marcas líderes adotam como estratégia o me-too. E isso pode ser especialmente arriscado, como enfatiza Al Ries: "Em alguns casos, uma estratégia me-too pode funcionar para uma marca seguidora. Entretanto, somente será bem-sucedida se a marca líder falhar em reagir para estabelecer a posição."[17]

Ao monitorarmos o equity e valor das marcas, é comum haver uma preocupação excessiva com os concorrentes, o que é muito válido, mas não pode chegar ao ponto de achar que os concorrentes não erram; eles erram, sim. E uma solução às vezes encontrada para eles talvez não funcione para sua marca. Portanto, muito cuidado quando idolatrar seu concorrente.

Trago aqui uma sábia história relatada pelo CEO de uma empresa de soluções ambientais em um contato que tivemos.

---

15 Haig, Matt. *Brand failures: the truth about 100 biggest branding mistakes of all time*. Londres: Konan Page, 2011.

16 Para quem tiver interesse em ler, disponível em: https://www.coca-colacompany.com/about-us/history/new-coke-the-most-memorable-marketing-blunder-ever.

17 Ries, Al; Ries, Laura. *The 22 immutable laws of branding: how to build a product or service into a world-class brand*. Londres: HarperCollins, 2002.

> Uma tribo vivia em uma região na qual o inverno poderia ser muito rigoroso. A fim de se preparar convenientemente para o rigoroso inverno, era preciso armazenar muita madeira. Bem, um representante da tribo era encarregado de ouvir as previsões meteorológicas de uma rádio local. E em função dessas previsões, ele pedia que os índios armazenassem cada vez mais madeira, pois a rádio somente divulgava que o inverno de fato seria muito rigoroso – ou seja, nunca armazenaram tanta madeira quanto antes. Curioso para entender melhor a origem das previsões da rádio, o representante da tribo desce para a cidade e procura na rádio o responsável pela previsão. Ao se encontrarem, o responsável meteorológico explica que é muito difícil fazer previsões de quão severo pode ser o inverno seguinte com antecedência e que pesquisas estavam sendo desenvolvidas por renomadas universidades. Mais aí o representante da tribo pergunta: "Poxa, como, então, vocês estão prevendo um inverno tão rigoroso?" Aí, o responsável pela meteorologia responde: "Olha, a gente costuma muito respeitar o conhecimento indígena. E estamos vendo que eles nunca armazenaram tanta madeira antes. E eles não são bobos nem nada. Portanto, deve vir um inverno muuuuito rigoroso..."

Brincadeiras à parte, cuidado ao seguir tendências estabelecidas por algum concorrente e se esquecer de sua identidade original, dos valores, princípios e crenças.

Oportunismo

Existe a tentação de utilizar as marcas em todos os produtos, e em muitos casos esse processo pode ter uma dose de oportunismo.

Quantas vezes escutamos que, por ser forte, conhecida e com bons padrões de qualidade, a marca tem uma extensão natural para vários segmentos?

Não sou, de maneira alguma, contra a extensão de marcas para outras categorias, mas teria muita dificuldade de entrar em um hospital com a marca McDonald's.

Gostaria de enfatizar que, em alguns casos, isso pode ser um atentado muito grande à identidade e à essência da marca.

Peguemos como outro exemplo o caso da Harley-Davidson, que em seu processo de expansão para outras categorias decide lançar um perfume.

A questão é que seus clientes não são simplesmente leais à marca. Eles são, em sua essência, amantes da marca; estão em uma relação bastante emocional, a ponto de se sentirem donos e proprietários.

A Harley-Davidson para eles é um estilo de vida e reflete seus valores e sua forma de pensar – os clientes chegam a tatuar a marca nos corpos. Vale a pena lembrar que a própria marca quase quebrou no passado para somente conseguir reerguer-se graças a um MBO (management buyout). A seguir, reproduzo a conversa entre uma fanática da marca Harley-Davidson (Tinker) e um vendedor, à época do lançamento do perfume.

> *Tinker: Você tem o último xampu licenciado da marca Harley-Davidson?*
>
> *Vendedor: Xampu?*
>
> *Tinker: Sim, aquele que tem o cheiro e a aparência de um óleo lubrificante, assim deixa meu cabelo mais macio.*

Logo, a empresa abriu mão desse produto. Hoje, toma muito cuidado com os atributos da marca, tais quais força, masculinidade e rudeza.[18]

Outro caso também interessante de oportunismo foi o que Jim Collins descreveu sobre a Merck em sua obra *Quando os gigantes caem: e por que algumas empresas jamais desistem*.[19]

Em 1995, o CEO Ray Gilmartin definiu no seu planejamento estratégico seu objetivo principal: ser o top tier growth company. Não em lucratividade, nem em medicamento de ponta, nem em excelência científica, nem em P&D, simplesmente growth. "Como empresa, a Merck será totalmente focada em crescimento."

Naquele momento, sete patentes de medicamentos, que representariam receitas de 5 bilhões por ano, seriam perdidas até 2000. Ameaças como genéricos tornavam difícil o contexto para a Merck.

---

18 Haig, Matt. *Brand failures: the truth about 100 biggest branding mistakes of all time*. Londres: Konan Page, 2011.
19 Collins, Jim. *Como as gigantes caem: e por que algumas empresas jamais desistem*. Rio de Janeiro: Editora Alta Books, 2018.

Idealismo

Um problema muito grande ocorre quando a marca se posiciona e comunica muito mais do que pode entregar justamente a um consumidor que está cada vez mais "vacinado" contra propagandas exageradas.

Outro problema é quando a empresa se deixa seduzir por uma proposta de valor tentadora, que em seu conceito é bastante diferenciador, porém está longe da percepção de seus públicos e, ainda, da capacidade real de entrega em todos os pontos de contato da marca.

Isso se deu no Brasil com o posicionamento da antiga marca Unibanco: um "banco que nem parece banco". De fato, a proposta era bastante relevante uma vez que, no mundo inteiro, os bancos sofrem muito com uma percepção ou uma imagem ruim.

Na época, o mercado de instituições financeiras já tinha marcas muito bem posicionadas, como o Banco Real com a sustentabilidade; o Bradesco com a capilaridade, parceria e solidez; o Banco do Brasil com a parceria e a brasilidade; e o Itaú com a percepção de atendimento, o banco eletrônico e de engenheiros. **Será que essa era realmente uma percepção do brasileiro em geral?** Enfim, cada um tinha um espaço muito definido na mente das pessoas; portanto, a tarefa do Unibanco não era simples.

E o caminho foi ousado. Se a organização acompanhasse esse posicionamento e a entrega transcorresse alinhada, seria uma proposta realmente tentadora. Haveria um grande risco, todavia, de parecer apenas uma declaração vazia se, nos pontos de contato, a organização não estivesse pronta para entregar essa promessa. Mas que pontos de contato são esses?

- Atendimento – o que esperar de um banco que nem parece banco? Um atendimento personalizado, sem filas e com o máximo de atenção por parte dos atendentes. Será que o atendimento supria essa expectativa?

- Produtos – o mix de produtos de um banco que nem parece banco deveria ser diferenciado, com produtos adequados à necessidade dos clientes, totalmente diferentes dos encontrados nos concorrentes. Encontrava-se isso no banco?

- Canal – as agências, ATMs, internet banking eram diferentes dos outros bancos?

No fim, os estudos de equity e rankings de valor de marca mostraram que a estratégia do Unibanco não foi efetiva. E em novembro de 2008 o Itaú adquire o Unibanco, criando, assim, um gigante financeiro e o maior do hemisfério Sul; em seguida, consolida a marca Itaú.[20]

---

20 G1. "Unibanco e Itaú anunciam fusão e criam gigante financeiro". Disponível em: https://g1.globo.com/Noticias/Economia_Negocios/0,,MUL846978-9356,00-UNIBANCO+E+I-TAU+ANUNCIAM+FUSAO+E+CRIAM+GIGANTE+FINANCEIRO.html. Acesso em: 3 jun. 2024.

Capítulo 2
Branding e o valor do acionista

If this company were to split up, I would give you the property, plant and equipment and I would take the brands and the trademarks and I would fare better than you. [Se fosse dividir minha empresa, eu daria a você as fábricas, máquinas e os equipamentos, mas ficaria com as marcas. E tenho certeza de que me sairia melhor.] [1]

John Stuart
CEO da Quaker Oats por cerca de trinta anos

Resumo do capítulo

Neste capítulo, trago uma reflexão sobre o tema branding e valor do acionista e sua importância para discussões em âmbito dos negócios e da gestão da marca.

Exemplifico com o caso Quaker Snapple a dinâmica de geração de valor de marca em processos de fusão e aquisição. E ilustro casos de reconhecimento de valor de marca no mercado financeiro, bem como a visão sobre branding de uma profissional que é board member de inúmeras empresas: Marise Barroso.

---

1   Jesse, Cortes. "Why brands matter?" In: *LinkedIn*. Disponível em: https://www.linkedin.com/pulse/why-do-brands-matter-jesse-cortes/. Acesso em: 9 dez. 2015.

A marca representava uma cultura, ou um estilo de vida de seus consumidores. Esse tipo de relacionamento faz com que os consumidores utilizem a imagem da marca para comunicar o próprio estilo e a forma de pensar.

Um ponto importante a ser considerado, antes de avaliar o que se deu na pós-aquisição da Snapple pela Quaker, é que no início da década de 1990 apareceram alguns concorrentes, como Nestea, Lipton e Arizona.

Segundo Haig, ao adquirir a Snapple em 1994, a Quaker traça a mesma estratégia de vendas (vencedora) utilizada para a marca Gatorade: distribuição centralizada, focada principalmente em supermercados.[2]

O objetivo do novo posicionamento era fazer da Snapple a terceira bebida mais consumida no mercado norte-americano. Para isso, foram feitas, inclusive, campanhas com técnicas de marketing de massa, abandonando o posicionamento vencedor que se baseava em distribuição e comunicação diferenciada e, ainda, deixando de lado a cultura de "exclusividade" com a qual a Snapple havia construído sua imagem.

Como resultado, três anos após a aquisição, a Quaker vendeu a operação para a Triarc por menos de 1/5 do valor que pagou.

Mais tarde, nas mãos da Triarc, ela retornou à identidade original: *Made from the best stuff on Earth*, uma bebida alternativa. Voltou com a personagem Wendy Kauffman em campanhas e relançou uma série de produtos.

Em 2000, a Snapple foi vendida para a Cadbury por US$ 1 bilhão; o dono da Triarc, Michael Weinstein, vendeu a empresa e tornou-se presidente de Global Innovation da Cadbury.[3]

---

2   Haig, Matt. *Brand failures: the truth about 100 biggest branding mistakes of all time*. Londres: Konan Page, 2011.
3   Haig, Matt. *Brand failures: the truth about 100 biggest branding mistakes of all time*. Londres: Konan Page, 2011.

A imagem a seguir demonstra os valores da Snapple desde que foi adquirida pela Quaker até ser vendida para a Cadbury, isso depois de passar pela Triarc.

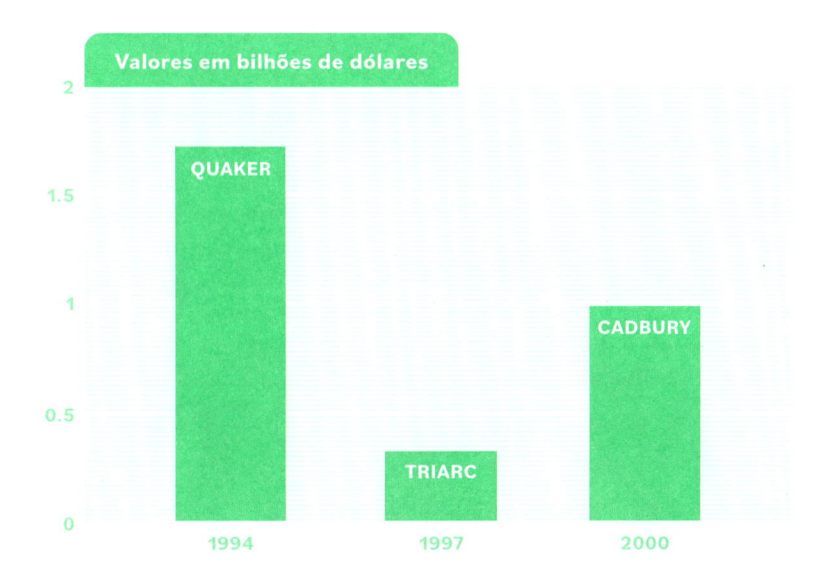

Valor da Snapple em bilhões de dólares, primeiro quando foi comprada pela Quaker, em 1994; depois, quando foi adquirida pela Triarc, em 1997; e, por fim, quando foi vendida para a Cadbury, em 2000.[4]

> *Entender a cultura de uma empresa e respeitar a identidade de sua marca pode ser um fator decisivo no sucesso da operação e geração de valor ao acionista.*[5]
> **Michael Weinstein, ex-proprietário da Triarc**

Esse caso, por um lado, mostra mesmo um problema na pós-aquisição. Mas também mostra para o mercado de capitais que marcas representam essência, identidade e que estas, quando mal posicionadas, podem ter um resultado final – como valor do acionista – bastante ruim.

---

4 Haig, Matt. *Brand failures: the truth about 100 biggest branding mistakes of all time.* Londres: Konan Page, 2011.
5 Haig, Matt. *Brand failures: the truth about 100 biggest branding mistakes of all time.* Londres: Konan Page, 2011.

Além disso, o caso revela ao mercado e aos private equities – ou bancos de investimentos –, por outro lado, a existência de uma grande oportunidade: comprar barato, recuperar a empresa ou o negócio, potencializar e realizar uma quantidade de lucros bem expressiva.

Nesse processo de branding, é bem importante evitar três erros normalmente cometidos pelas empresas: mimetismo, oportunismo e idealismo.

Muitos banqueiros e private equities de meu círculo de amigos confessaram ter sido nesse caso que aprenderam e verificaram que branding pode ser uma grande oportunidade para investimentos, e que seu processo correto de gestão pode trazer substancial valor ao acionista. Há, porém, um ponto de atenção: quando ocorre a aquisição de uma marca com cultura muito forte, é necessário ter muito respeito, pois os danos podem ser catastróficos. E é isso que estamos vendo hoje. Abri um site de notícias em 2018[6] e me deparei com a notícia de que a empresa de alimentos M. Dias Branco havia comprado a Piraquê por R$ 1,55 bilhão.

Por que, por exemplo, a M. Dias Branco adquire a Piraquê por um valor muito maior do que o valor de suas fábricas, máquinas e equipamentos?

Certamente por alguns ativos intangíveis:

- Processo de fabricação – conheci a fábrica de Madureira, e seu processo de fabricação de fato conta com um padrão de qualidade fora de série.

- Produtos – linha de produtos que eram verdadeiros ícones de gerações, como o biscoito goiabinha, e que passavam de geração em geração.

- Sistema de distribuição – no Rio de Janeiro eu não conhecia loja ou supermercado que não vendesse Piraquê.

- Governança e controle financeiro – a empresa mantinha um controle financeiro muito estabelecido e com uma rentabilidade muito boa.

- Capital humano – profissionais e sócios da empresa que muito provavelmente construíram essa trajetória.

---

6 G1. Disponível em: https://g1.globo.com/economia/noticia/m-dias-branco-compra-piraque-por-r155-bilhao.ghtml. Acesso em: jun. 2024.

- ... E MARCA. Nossa, que marca forte e valiosa! Exercia papel na geração de vendas, seja por um premium price, seja por estabilidade de vendas, com atributos de escolha bastante diferenciais e muito associados à marca (ou seja, se a marca mudasse de nome, perderia quase 70% do lucro).

Tive o prazer de assessorar a família Colombo, assim conheci a marca sob a ótica interna (valores, cultura, visão e resultados financeiros), sob a ótica externa (clientes, consumidores) e essa é, sem dúvida, uma marca muito valiosa.

No dia da independência do Brasil, 7 de setembro, do ano de 2023 também me deparei com a notícia da aquisição da Kopenhagen pela Nestlé.[7]

Decerto, aqui também o pagamento não foi apenas pelo valor dos ativos tangíveis. Nesse caso, os intangíveis da operação eram:

- Processo de fabricação – a Kopenhagen tem uma unidade de fabricação artesanal bem interessante em Extrema-MG, com elevados padrões de qualidade e eficiência.

- Produtos – a empresa detém uma linha de produtos muito relevantes, talvez complementares aos da Nestlé. Até mesmo nas lojas, o café da Kopenhagen sempre foi um atrativo para consumidores visitarem os estabelecimentos.

- Capital humano, colaboradores.

- Sistema de distribuição – um sistema de franquia com acesso a um público bastante importante e talvez até complementar ao da Nestlé.

- Governança e resultados financeiros.

- ... E MARCAS, como a própria Kopenhagen, Língua de Gato, Nhá Benta.

Nessa operação, e em inúmeras outras, o tema marca e seu valor entra como um aspecto muito importante, pois parte substancial da discussão do que chamamos de valor da empresa, ou valor da operação, está associada a uma expectativa de lucros futuros, portanto muito associada à força das marcas.

---

7   Brazil Journal. "Exclusivo: Nestlé compra a Kopenhagen por cerca de R$ 3 bi". Disponível em: https://braziljournal.com/nestle-compra-a-kopenhagen-por-cerca-de-r-3-bi/. Acesso em: 6 set. 2023.

De maneira bem interessante, executivos de marketing entenderam que essa ferramenta de valor de marca pode trazer, em uma linguagem de negócios, o retorno econômico financeiro de seus trabalhos de marketing e branding.

Klabin

Em 2020 liderei o projeto de quantificação do valor da marca Klabin, cujos dados continuam públicos e disponíveis para consulta no site da CVM,[8] onde é possível obter mais detalhes da avaliação da marca. Aqui me limito a revelar informações de documentos públicos, sem expor nenhuma informação confidencial de meu cliente.

A Klabin pertencia à empresa da família, Sogemar, e era utilizada pela empresa de capital aberto, Klabin S.A., que pagava uma taxa de royalty sobre algumas operações, como remuneração pelo uso da marca. Como se tratou de uma operação que envolvia transação financeira, demandou-se um trabalho independente de quantificação de valor da marca.

Para esse projeto, realizamos uma pesquisa de mercado de natureza quantitativa e passamos por inúmeras validações do modelo, inclusive por um professor do Insper especializado em marcas e branding; passamos também por uma segunda avaliação conduzida pela consultoria Delloite. Tais avaliações são sempre apresentadas a um grupo de trabalho com conselheiros independentes e montadas para dar transparência ao projeto.

---

8   Klabin. "Comunicado ao mercado". Disponível em: https://www.rad.cvm.gov.br/ENET/frm-DownloadDocumento.aspx?Tela=ext&numProtocolo=752897&descTipo=IPE&CodigoInstituicao=1. Acesso em: 8 abr. 2020.

KLABIN S.A.
CNPJ/MF nº 89.637.490/0001-45
NIRE 35300188349
Companhia Aberta

COMUNICADO AO MERCADO

A **KLABIN S.A.** ("Klabin" ou "Companhia"), em atendimento ao disposto na Lei 6.404/76 e na instrução CVM 358/02, vem informar que se encontram à disposição de seus acionistas nas páginas de relações com investidores da Companhia e da Comissão de Valores Mobiliários, ambas na rede mundial de computadores, os estudos internos e a recomendação do Grupo de Trabalho do Conselho de Administração, formado pelos conselheiros Amaury Guilherme Bier, Francisco Amaury Olsen, José Luis de Salles Freire, Mauro Rodrigues da Cunha, Pedro Oliva Marcilio de Sousa e Vivian do Valle Souza Leão Mikui, que realizou análise das condições de uso da marca "Klabin" e outras seis marcas ("Marcas") de titularidade da Sogemar – Sociedade Geral de Marcas Ltda. ("Sogemar"), nos termos do respectivo contrato de licenciamento atualmente em vigor.

Em reunião realizada em 07 de abril de 2020, o Conselho de Administração autorizou a diretoria a dar seguimento às medidas necessárias à obervância da recomendação do Grupo de Trabalho.

Na página 10 do documento citado, há uma pergunta sobre o tema valor de marca em commodities:

Uma marca utilizada em produtos "commodities" tem valor?

Sim. O estudo da Kantar, especialmente o conteúdo das páginas 12, 13 e 45, confirma que mesmo sendo utilizada em produtos commodities uma marca business to business ("B2B") pode ter valor significativo.

O consultor contratado validou a metodologia da Kantar Consulting. A confirmação do Consultor está na página 1 do seu relatório:

"A metodologia utilizada (pela Kantar) é baseada em lucro econômico e está em linha com as práticas de mercado. São aplicadas duas variáveis: contribuição da marca – também designada 'papel da marca' por outras consultorias – e força da marca."

E, com base no próprio documento, há o parecer independente da Kantar Consulting, por mim assinado, que constata que o valor da marca Klabin é de R$ 1.103 milhões. Outra consultoria, a Delloite, chegou a um valor de marca muito próximo, o que deixou um grupo de trabalho de royalties mais confortável.[9]

A operação de compra e venda foi concluída no dia 16 de outubro de 2020.

Esse é um dos casos em que a metodologia de valor de marca foi utilizada para dar suporte a uma transação entre duas empresas.

Casa & Video

Um dos casos em que também tive a felicidade de calcular o valor financeiro da marca foi Casa & Video. Em 2008 a empresa entrou em recuperação judicial e usou nosso trabalho para apoiar e garantir o processo de renegociação de seus passivos, em um trabalho coordenado pela Alvares&Marsal. No fim, a Casa & Video foi adquirida pelo fundo polo capital e seguiu seu caminho natural.

Segundo o artigo da ACFB Administração Judicial, um dos casos de empresas que entraram em recuperação judicial e conseguiram se reerguer.[10]

Então, branding e marca geram valor ao acionista e há uma metodologia para calcular esse valor. Somados a esses casos, inúmeros outros envolviam uma quantificação de valor financeiro deste ativo. Parecia fazer muito sentido que os ativos intangíveis deveriam valer muito mais que os valores patrimoniais de ativos tangíveis.

---

9   "Saga da Klabin se aproxima de desfecho com acordo com BNDES e Sogemar; ações podem subir?" In: *Infomoney*. Disponível em: https://www.youtube.com/watch?v=sBZ6UoVLF_0&-t=35s. Acesso em: jan. 2023.
10 Folha Vitória. "Casa & Video é caso de êxito de recuperação judicial". Disponível em: https://www.folhavitoria.com.br/economia/noticia/2015/02/casa-video-e-caso-de-exito-de-recuperacao-judicial.html. Acesso em: jan. 2023.

Essa linguagem era utilizada para dar suporte ao que chamamos de projetos de arquitetura de marcas. Diversos casos em que quantifiquei o valor da marca serviram de base a importantes decisões de branding ou de não matar uma marca. Por exemplo, um dos estudos no passado quantificou o valor financeiro das marcas Bom Preço e Hiper Bompreço, marcas muito fortes adquiridas pelo Walmart.

Caso Sírio-Libanês

Nesse sentido, nada melhor que ter a perspectiva de Denise Jafet, presidente do conselho deliberativo do Hospital Sírio-Libanês, marca valiosa e com muito propósito. Ela fez uma declaração para mim sobre o tema e sobre o que é branding em sua perspectiva:

> *Autor: A marca Sirio-Libanês guarda uma história maravilhosa, desde sua fundação até esta grande crise que estamos vivenciando. Em sua opinião, como presidente do conselho deliberativo dessa importante organização, quais são os desafios da marca Sirio-Libanês no novo normal?*
>
> *Denise: No ano de 2020 completamos 100 anos e a nossa marca representa essa trajetória até aqui. Nosso maior desafio é perpetuar essas conquistas pelos próximos 100 anos, além de manter nosso protagonismo e relevância no setor de saúde, o qual passa por grandes transformações. Para alcançá-los, revisitar nossa marca se torna essencial, nos convidando a reflexões importantes sobre como nos adaptaremos às novas realidades e tendências.*
>
> *Autor: E quais são as principais vantagens de valorizar essa marca para o conselho deliberativo do Sírio-Libanês?*
>
> *Denise: Para o conselho deliberativo, valorizar a marca significa valorizar nosso propósito, nossa missão e nossos valores.*

A TM20 Branding assessora o Sírio-Libanês em vários projetos; segue aqui a declaração do CMO (Chief Marketing Officer) Christian Tudesco:

Contar com a inteligência e visão dos executivos da TM20 tem sido muito importante na jornada de transformação de marketing que estamos construindo aqui no Sírio-Libanês. Vi no time da TM20 pessoas que estão realmente focadas em trabalhar juntas nos desafios mercadológicos, aporte de insights estratégicos, construção conjunta e uma preocupação sincera na construção da agenda estratégica de negócios, posicionamento e gestão de marca. A visão estratégica e os insights valiosos que Eduardo Tomiya aporta na liderança da companhia, na dedicação pessoal de todas as agendas conosco e na discussão estratégica - que vai desde o que fazer até o como fazer - foram um grande diferencial que percebi como executivo que já teve a oportunidade de trabalhar com inúmeras consultorias. Além disso, durante o período que temos trabalhado juntos, é notável a preocupação do time seja com os resultados gerados, seja com o processo de formação e transformação dos executivos do time de marketing do Sírio-Libanês. Obrigado ao time TM20 pela construção conjunta e pelos valiosos projetos que estamos construindo juntos.

Christian Tudesco, CMO do Sírio-Libanês

Gostaria de destacar aqui Marise Barroso, grande profissional e ser humano. Marise foi CEO da Amanco, responsável pela criação da marca; CEO da Masisa; vice-presidente da Avon Brasil; e hoje board member da Condor Industrial, InterCement, Docile Alimentos, Prática Klimaquip, Grupo Marelli e Amata Brasil, além de advisory board member da Artecola Química e de várias empresas mencionadas.

Solicitei este depoimento sobre branding e valor do acionista a ela, que sempre foi responsável por construir importantes marcas no contexto nacional e internacional:

Branding sempre foi, e seguirá sendo, um tema de muito valor para qualquer empresa e para seus acionistas.

Não é à toa que empresas com marcas reconhecidas e queridas geram maior valor em toda a sua cadeia.

É pela gestão estratégica de marca que a empresa comunica seus diferenciais, proporciona experiências e constrói a sua reputação. O problema é que essa ficha ainda não caiu para muitas empresas e o tema é pouco discutido de forma estratégica no âmbito dos conselhos de administração.

Acredito que este momento que estamos vivendo reforçará a importância da gestão de branding nas empresas, começando por revisitar o propósito da organização e de suas marcas.

Cada vez mais, as empresas precisarão deixar claro para seus públicos de interesse (acionistas, colaboradores, parceiros, fornecedores, clientes, consumidores e a sociedade em geral) o porquê da sua existência.

Que diferença faz para o mundo a presença ou não daquela empresa ou daquela marca? Empresas e marcas que tenham um propósito claro, engajador, reconhecido, compartilhado por seus stakeholders e vinculado aos objetivos de desenvolvimento sustentável (ODS) serão as que terão vida longa e melhores resultados. Estamos vivendo um momento histórico, que se inicia com a morte tardia de um modelo capitalista do lucro a qualquer preço para dar lugar ao nascimento e crescimento de empresas que também geram valor social e valor ambiental, além de valor econômico.

E é pela gestão de branding que as empresas darão vida ao seu propósito, engajando seus stakeholders na construção de um mundo melhor para todos.

Capítulo 3
Valor da marca

A marca Fesa existe há quase trinta anos. Suas primeiras duas décadas de existência foram cruciais para solidificar o posicionamento da marca em um mercado altamente tradicional, o de recrutamento de altos executivos. Arriscamos ser uma marca mais leve, mais humana e mais conectada com inovação, o que nos diferenciou bastante no mercado. Tomiya sempre vinha nos acompanhando e, exatamente cinco anos atrás, propusemos um desafio para a TM20: entender qual era nossa percepção de marca no mercado e qual seria o potencial dela para sustentar novos pilares de crescimento do nosso negócio. Com um trabalho extenso e completo, vimos o potencial de desenvolver nossa organização, com novas unidades de negócios e de o marca Fesa ser o grande pilar de sustentação dessa expansão. Temos hoje um ecossistema Fesa, com diversas frentes de negócios muito bem posicionadas; sem dúvida a marca é um grande diferencial, principalmente em um segmento de serviços profissionais. Tenho total segurança em afirmar hoje que nossos maiores ativos são as pessoas e nossa marca!

Carlos Guilherme Nosé
CEO & partner at Fesa Group

Resumo do capítulo

Inicio este capítulo com a descrição das cinco metodologias de cálculo do valor de uma marca.

Mas entendo que a melhor e mais robusta metodologia é a do uso econômico, portanto detalharei essa metodologia.

Em seguida, trago aqui tema da ISO 10668, que determina algumas metodologias de quantificação do valor financeiro de marcas.

Descrevo um histórico do reconhecimento de valor da marca pela comunidade financeira. Com relação a esse item, levanto o histórico do brand valuation desde sua origem no mercado financeiro até sua aceitação.

Trago também uma seção sobre o tema rankings de valor de marca.

Concluirei este capítulo com perguntas e respostas sobre o uso de valor da marca.

Há uma série de obras que tratam do tema valor da marca e descrevem suas metodologias (mais uma vez, basta entrar no site da Amazon para obter vasta quantidade de obras sobre esse tema). Para facilitar a vida de nossos leitores, selecionei estas referências bibliográficas importantes, além, obviamente, dos meus quatro livros anteriores:

- Jan Lindemann. *The economy of brands*. Conforme já mencionado no Capítulo 3, ele foi diretor global de brand valuation da Interbrand na época em que era diretor da região da América Latina, Portugal e Espanha (2002-2005). Sempre tive o maior respeito por seu trabalho, e sua obra descreve a metodologia de avaliação de marcas, critérios alternativos de avaliação de marcas.[1]

- Patrick Sullivan. *Value-driven intellectual capital: how to convert intangible corporate assets into market value (intellectual property-general, law, accounting & finance, management, licensing, special topics)*. Tive o enorme prazer de dar aula com o professor Sullivan no Instituto Nacional da Propriedade Industrial (INPI). Ele, que é professor da Universidade de Standford e referência nesse tema, deixou em mim as melhores impressões. Sua obra realmente materializa o tema valor de ativos intangíveis.[2]

Como já mencionei, avaliei pessoalmente mais de 500 marcas, sempre com a abordagem do uso econômico, e trago aqui a metodologia que utilizamos na TM20 Branding.

1 Lindemann, Jan. *The economy of brands*. Londres: Editora Palgrave Macmillan, 2010.
2 Sullivan, Patrick H. *Value-driven intellectual capital: how to convert intangible corporate assets into market value*. Nova Jersey: Wiley & Sons, 2000.

Metodologias de cálculo do valor da marca

Como costumo explicar, há pelo menos cinco metodologias para cálculo do valor de marca, que é importante termos em conta em um processo de quantificação de um valor financeiro. Muitas vezes utilizamos o método do uso econômico como método primário, porém usamos outras metodologias como métodos secundários.

Método do custo histórico

Esse método parte do princípio que a marca é um ativo cujo valor é construído por investimentos no tempo. É o custo que a empresa teve para construir a marca.

O valor da marca pelo custo histórico é determinado pela soma dos desembolsos diretamente efetuados pela marca, como publicidade, pesquisas e marketing, atualizados a valor presente por uma taxa de desconto que reflete o custo de oportunidade no tempo. Esses custos têm a vantagem de ser bastante tangíveis e podem ser determinados com muita objetividade.

Essa métrica, quando utilizada como referência primária para a determinação do valor da marca, exibe algumas limitações, pois:

- Não existe relação direta entre o custo histórico e o valor da marca. Essa relação é exatamente o que se busca: retorno sobre o investimento. Algumas marcas investiram muito pouco e conseguiram um elevado valor da marca, como é o caso de The Body Shop, Starbucks e até mesmo Apple e Google.

- Quais custos/investimentos devem ser considerados? Mencionamos aqui que a imagem ou os atributos na mente dos públicos externos são construídos em função de um número imenso de pontos de contato. Não é exclusivamente a comunicação, mas também atendimento ou serviço ou sistemas de garantias de qualidade. Os investimentos para esse atendimento incluem treinamento, investimento em pessoas, entre muitos outros atributos que fazem a marca desempenhar um papel importante no capital humano. No caso da Starbucks, uma das plataformas de Howard Schultz – ex-CEO da Starbucks – investiu de maneira muito forte nas pessoas. Então, todos esses custos devem ser considerados valor de marca? Já no caso da Apple, existe uma equipe imensa de desenvolvimento de produtos e até mesmo as Apple Stores? Os custos históricos devem ser somados para obtermos o valor da marca? Qual é a taxa de desconto que devemos usar para atualizar os desembolsos passados para o cálculo do valor da marca?

Portanto, o uso do custo histórico evidencia sérias limitações para sua utilização como referência primária. O custo histórico tampouco é acionável como KPI de monitoramento da marca, ou seja, trata-se de um parâmetro do passado e pouco relacionado diretamente à geração de diferenciais competitivos da empresa. É uma metodologia que mensura o custo, e não seu valor.

Metodologia do premium price

Segundo esse método, o valor de uma marca corresponde à projeção de lucros futuros atualizados por uma taxa de desconto. Os lucros futuros são obtidos pelo produto do premium price unitário pelo faturamento projetado.

A base desse processo é que, em produtos exatamente iguais, os consumidores pagam um premium price apenas por causa da marca.

Para o cálculo, devemos projetar a receita líquida da empresa e atualizá-la a uma taxa de desconto. Todavia, algumas restrições se fazem necessárias à utilização do premium price como método primário, pois:

- Referência: premium price em relação a quê? Em tese, a referência deveria ser uma marca sem nenhum conhecimento e força (que caracterizam o que chamamos de brand equity), o que é muito difícil. Outro ponto é que, em geral, ele não existe exclusivamente em razão da marca; há outros ativos intangíveis associados a esse premium. No caso de empresas aéreas, ele se deve a diversos outros intangíveis, como atendimento, disponibilidade de voos, aeronave e suas condições, e até mesmo programa de milhagem. Então, devemos estar muito atentos em relação à referência, que pode fazer uma diferença muito grande.

- Premium price às vezes não é garantia de lucro ao acionista. Em alguns casos, o investimento necessário para obter o premium price é superior ao benefício econômico. Em outros casos, marcas em contextos operacionais podem ter rentabilidades totalmente distintas. Quanto valia a marca Rolls-Royce quando foi vendida para a Volkswagen? Bem, nas mãos desta, a sinergia tornava viável um nível de rentabilidade superior a quando estava nas mãos dos antigos acionistas, sendo que a marca manteve a prática de mercado. Nas mãos da Volkswagen, por exemplo, a empresa conseguiu viabilizar uma unidade industrial no Reino Unido para a produção conjunta de veículos das marcas Rolls-Royce e Bentley. Também nas mãos da Volkswagen a marca Rolls-Royce gerava mais valor que nas mãos dos antigos acionistas, mas ainda exercia o mesmo premium price. Logo, um dos problemas desse método é que ele ilustra um potencial e fornece muita ênfase à avaliação de um stakeholder, o consumidor final, tratando-o como independente do negócio, o que, definitivamente, é um fator limitante.

Por isso, recomendamos a utilização do método premium price como referência do potencial de mercado do valor, que é, assim como a metodologia do custo incorrido, muito pouco acionável pela empresa.

Método do royalty relief

Com esse método, o valor da marca é o valor presente líquido dos lucros futuros, atualizados a uma taxa de desconto que reflete seu risco.

Os lucros futuros são estimados com uma taxa de royalty pelas vendas projetadas. Deve-se considerar a hipótese de que a empresa realiza cisão de seus ativos e abre uma empresa para explorar unicamente a marca. As receitas dessa empresa são oriundas da cobrança de royalties.

Esse método poderia resolver o problema da separabilidade. (Anteriormente, foi mencionada a questão: qual é a liquidez da marca separada do negócio? Ela tem liquidez de forma independente?)

A taxa de royalty é estimada com base em múltiplos ou comparativos de marcas similares como uma proporção sobre a receita das empresas – algumas empresas podem fornecer banco de dados de taxas de royalties. Há um ponto importante que pode gerar distorções na coleta desse tipo de informação, pois no Brasil a parcela dedutível do imposto de renda de uma taxa de royalty é 5%. Não é coincidência, portanto, se muitos estudos que calculam essa média de mercado resultarem esse valor.

De um ponto de vista mais conceitual, não é certo que essa metodologia separe propriamente apenas o valor da marca segundo Barwise (1989).[3] Na realidade, até para prover um consistente nível de qualidade, essas taxas de royalty contemplam, por exemplo, o fornecimento de um pacote básico de materiais básicos, know-how e serviços. Não seria justo considerar que tais itens, entre outros, sejam única e exclusivamente da marca.

Talvez a maior limitação para a utilização do royalty como método primário seja:

- Marcas são únicas, e qualquer extrapolação que se faça de marca para marca pode incorrer em imprecisão. Quando as empresas fazem o cálculo do royalty justo, ele se baseia em benchmarkings. Em muitos casos, são muitas vezes "caixas pretas", que tornam qualquer uso desse parâmetro impossível para gerenciamento de marca.

- Assim como no caso do premium price, o royalty não tem relação direta com a rentabilidade do negócio. Continuo a me espantar que algumas empresas de auditoria calculem o valor da marca pelo royalty relief. Se não houver relação direta do valor da marca obtido pelo royalty com o valor da empresa, existe a possibilidade de o primeiro (valor da marca) valer mais que a empresa (fluxo de caixa descontado).

---

3   Barwise, Patrick. "Brands as 'separable assets'". In: *Business Strategy Review*. Volume 1, issue 2. Londres: Business School, 1989.

Aqui há um ponto bem relevante. Como mencionei, fui sócio-diretor de uma empresa de consultoria de corporate finance; como tal, fiz uso das metodologias de rentabilidade futura em inúmeros projetos de quantificação do valor econômico-financeiro de empresa. O que me trouxe ao branding foi uma vulnerabilidade latente, pois não considerávamos nesses laudos pesquisas de mercado do que chamamos aqui de força e contribuição de marcas; além disso, normalmente a projeção econômico-financeira de receitas futuras não considerava as informações de brand equity. A experiência com referências absolutas de pesquisa de mercado, como Millward Brown e Kantar, ensinou ser possível basear-se nos resultados dessas pesquisas para projetar com mais acurácia a participação de mercado potencial da marca, participação esta que parte dos atributos e da força da marca. Esses atributos, sim, realimentam o modelo de fluxo de caixa descontado, proporcionando maior conforto ao avaliador, que estima o valuation da empresa com base nas premissas corretas do valor da empresa. Então, jamais critique a metodologia do fluxo de caixa descontado; critique e avalie as premissas desse valor, pois me parece que a metodologia é consagrada e se apresenta como referência bem forte e aceita pelo mercado financeiro.

Suponha uma situação financeira ruim, em que a rentabilidade está negativa e a projeção de resultados financeiros, fraca. Como o royalty da empresa é bastante positivo, o valor de sua marca supera o valor do negócio. Suponha também que uma empresa de auditoria seja contratada para fazer ambos os projetos: quantificar o valor da marca e o valor da empresa. Presuma que a marca pelo método do royalty valha 10 e a empresa, 5. Nesse caso, o valor da marca seria maior que o valor da empresa? A empresa valeria menos que a marca? Para qualquer profissional da área financeira, isso seria um verdadeiro absurdo.

Em geral, a taxa de royalty é o output de um processo de brand valuation pelo uso econômico. Na realidade, ele é expresso como o produto da contribuição da marca pelo resultado dos intangíveis – veremos na descrição da metodologia do uso econômico.

Método do múltiplo de mercado

Com esse método o valor da marca é obtido por intermédio de múltiplos de mercado, que são obtidos em função de dados disponíveis de mercado. Se uma marca foi vendida por R$ 500 milhões e seu faturamento é de R$ 100 milhões, o chamado múltiplo de faturamento é 5, que é o valor da marca sobre o faturamento.

Essa técnica de avaliação por múltiplos de mercado é bastante utilizada no mercado de capitais para obter um valor da empresa como múltiplo do faturamento ou múltiplo do EBITDA (earnings before interests, taxes, depreciation and amortization [lucro antes de juros, impostos e depreciação e amortização]).

Por exemplo, quando se vende um posto de gasolina, ele é avaliado pelo volume em metros cúbicos de armazenagem e venda semanal. Já uma padaria tem seu valor em função de suas vendas. Outro exemplo: uma usina de açúcar e álcool tem valor em função da capacidade de moagem (toneladas de cana/safra). Uma empresa de telefonia celular foi avaliada pelo número de assinantes. Enfim, o valor de mercado da empresa é expresso como múltiplo de um parâmetro operacional.

Foram inúmeras as oportunidades em avaliação de negócios nos quais éramos contratados (como consultoria de avaliação de empresas, business valuation) para fazer toda a projeção de fluxo de caixa operacional da empresa, atualizar pela taxa de desconto e, no fim, verificarmos que se calculava o valor com base em múltiplos de mercado.

A limitação desse tipo de abordagem é que, por enquanto, não é muito comum a operação de compra e venda de marcas, ou exclusivamente de marcas. Na maioria das vezes, a marca é adquirida em um contexto de negócio, ou seja, é um conjunto de ativos intangíveis, como capital humano, sistema de distribuição, sistema de comercialização, entre outros ativos intangíveis da empresa. Em alguns casos, são utilizados múltiplos de rankings publicados das marcas mais valiosas, como os publicados pelo BAV, BrandZ e Interbrand.

A vantagem do método é ser de uma simplicidade muito grande e, aparentemente, ilustrar um valor que é de comercialização do ativo. Por isso, bancos de investimentos utilizam com frequência essa metodologia para avaliar empresas.

A maior desvantagem é que, por definição, marcas apresentam características únicas, portanto a utilização de múltiplos de mercado pode ser um pouco complicada.

Método do uso econômico

Por esse método, o valor de uma marca corresponde ao valor presente líquido dos lucros da marca. Também por esse método, a marca está no contexto do negócio e é um dos ativos intangíveis da empresa. Entre os ativos intangíveis, destacam-se capital humano, sistema de distribuição, sistema de conhecimento, base de clientes, monopólios, patentes, contratos e, o que desejamos separar, a marca.

Partimos dos tradicionais modelos de avaliação de empresa baseados no fluxo de caixa. Uma empresa vale pela sua rentabilidade futura (expressa pelos fluxos futuros de caixa), atualizada à uma taxa de desconto que reflete o custo de oportunidade do capital da empresa.

Um modelo de avaliação de marcas considera duas grandes etapas: contribuição de marca (na qual segregamos a projeção dos lucros dos ativos intangíveis, o que seria a marca) e força da marca, definindo a taxa de desconto da marca (taxa de desconto que reflete a força da marca *versus* seus principais concorrentes).

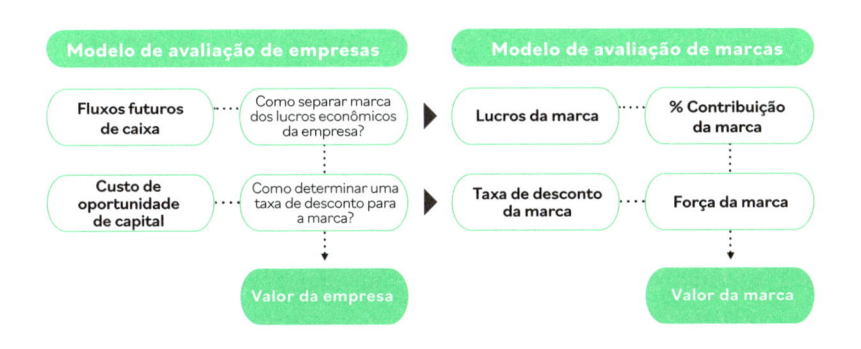

A seguir, descreveremos detalhadamente cada uma das etapas.

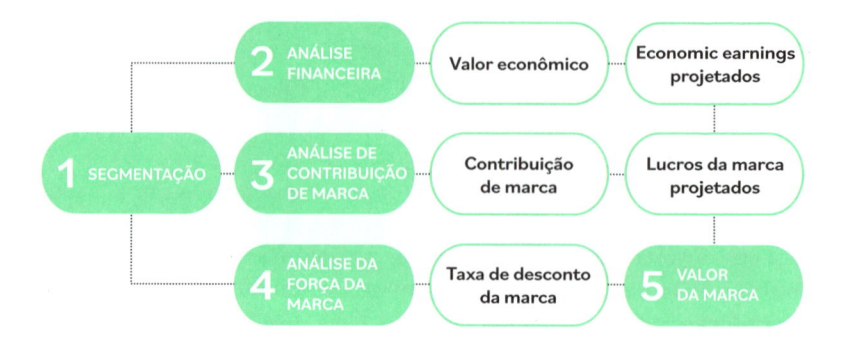

5.1 Segmentação

O primeiro passo da avaliação de marca é adquirir um conhecimento profundo dos mercados em que cada marca atua. Nossa metodologia considera o nível de lealdade dos consumidores, as tendências de longo prazo e o cenário competitivo, entre outros indicadores, específicos a cada segmento relevante.

A segmentação é necessária para refletir de maneira adequada a criação do valor de uma série de linhas. Normalmente são as principais categorias em que a marca atua e também os principais negócios da marca.

Sempre nos baseamos nas marcas e, para cada uma delas, avaliamos:

- produto ou serviço;
- grupo de consumidores, classe social;
- mercado geográfico, regiões;
- perfil de cliente (B2B, B2C, B2B2C);
- canal de vendas (atacarejo, hipermercado, supermercado, proximidade, internet).

Exemplos de segmentação:

- Instituições financeiras – Varejo – por regiões, com suas subdivisões, como perfil de renda, perfil atitudinal (cliente digital, cliente que vai à agência, cliente que toma empréstimos, cliente investidor etc.), empresas, institucional.

- Empresas de petróleo – exploração de petróleo, refinarias, distribuição de combustíveis (aqui por região, produtos, alta/baixa renda), derivados de petróleo.

- Empresa de cimento – região, canal etc.

Diferenças comportamentais de compra entre um grupo de consumidor e outro podem ser um critério para segmentação. Cada segmento tem uma avaliação individual, e a soma das avaliações de cada segmento representa o valor geral da marca. Contudo, qualquer segmentação deve ser respaldada por dados financeiros e de marketing disponíveis; na prática, a abrangência da segmentação de uma marca está limitada pelo grau que os dados de marketing e financeiros refletem da segmentação requerida.

Esse ponto é muito importante, pois é a base das unidades de avaliação da marca. A soma do valor da marca nos segmentos é o valor da marca total.

Aplicaremos nosso modelo para cada um dos segmentos.

Como a marca aporta valor a cada segmento:

Como os atributos da marca geram valor em cada uma das unidades, qual seria a contribuição da marca corporativa em cada negócio?

MARCA

SEGMENTO   SEGMENTO   SEGMENTO

E como cada segmento aporta valor à marca:

A somatória do valor da marca em cada unidade é o valor da marca.

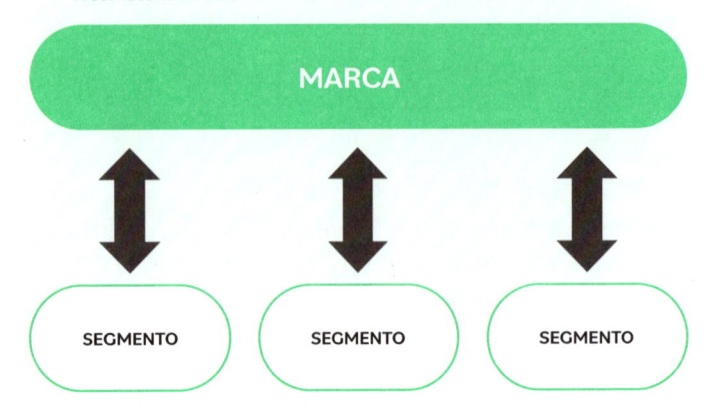

5.2 Análise financeira

A segunda fase da metodologia do uso econômico é a projeção de resultados econômicos para cada segmento.

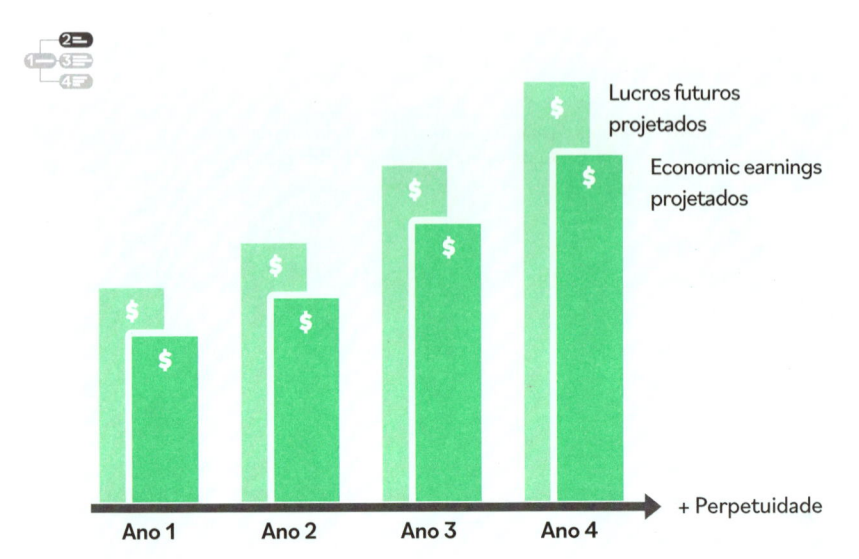

Antes de partirmos para a metodologia, é fundamental colocar que, muitas vezes, uma pesquisa de mercado quantitativa precede o estabelecimento de premissas financeiras de longo prazo e os resultados de projeção baseados em premissas de uma análise do consumidor ou do decisor de escolha do produto.

Aqui, mais uma vez, um dos pontos importantes que me trouxeram ao tema valor de marca. Conforme mencionei, como um dos sócios responsáveis pela divisão de corporate finance da Trevisan, realizei inúmeros projetos de quantificação de valor da empresa.

Um dos pontos mais críticos de uma empresa segundo minha avaliação, e projeção de cinco-dez anos de lucros futuros da empresa, sem dúvida nenhuma, é a projeção do faturamento futuro e o market share da empresa para os próximos cinco-dez anos.

Muitas vezes, essa definição demandava análise histórica de share dos últimos quatro anos, expectativas de crescimento do mercado e, salvo alguma exceção, que a empresa tivesse um projeto a ser justificável; para isso, consideramos um share "flat" histórico em linha com o conservadorismo da projeção.

Em alguns casos, marcas que estão em situação financeira de endividamento vêm de um histórico em que seu market share se mostra bastante abalado, pois os ativos e passivos financeiros e não operacionais afetam a performance normal do negócio. Por exemplo, a empresa pode ter um problema de desabastecimento e redução de portfólio de produtos em suas lojas. Esse foi o caso, por exemplo, da Casa & Video em seu processo de recuperação judicial ocorrido em 2008. Mas qual é a solução para esse problema? A que normalmente utilizamos é a pesquisa quantitativa com consumidores, cuja margem de erro é de no máximo 11%, para estimar o share potencial em função da força de sua marca.

Com mais informações de mercado e uma pesquisa de mercado para dar suporte a esse processo, as projeções de longo prazo ficam mais realistas.

Segundo Jan Lindemann (2010):[4] "The brand operates on the 'outside' of the business by attracting and securing customer demand.

---

4   Lindemann, Jan. *The economy of brands*. Londres: Palgrave Macmillan, 2010.

Customer demand converts into purchase price, volume and frequency. The financial forecast assesses the revenus that the brand is expected to generate in the future."

Em nosso procedimento de avaliação dos ativos intangíveis, basicamente estruturamos duas grandes etapas:

5.2.1 Premissas de avaliação

5.2.2 Projeção dos lucros dos ativos intangíveis (economic earnings)

5.2.1 Premissas de avaliação

A primeira etapa é, para cada segmento da marca, a definição de premissas de projeção de volume de vendas, preços, custos, despesas, gastos de capital, capital de giro operacional e taxa de desconto, com:

- Análise de mercado – nessa etapa, primeiramente analisamos relatórios setoriais de tendências do setor do que denominamos projeção de mercado/tendências. Existem empresas, como a Euromonitor, que fornecem projeções de mercado para os cinco anos seguintes. Por exemplo, em um estudo recente para uma empresa do mercado de laticínios, obtivemos a projeção de volume de venda total do mercado para os cinco anos seguintes. Com base em pesquisas de mercado de diferenciais competitivos percebidos, força da marca (avaliamos atributos como conhecimento, preferência, satisfação, lealdade, recomendação) e elasticidade (preço da marca *versus* seus principais concorrentes), associados à sua estratégia de negócio, somos capazes de projetar níveis de preços e participação de mercado da marca em cada segmento para os cinco anos seguintes.

- Análise técnico-operacional – nessa fase, a primeira etapa é entender quais são os principais diferenciais da empresa quanto ao capital humano, organizacional e de relacionamento. Por esse estudo, avaliamos o impacto dos diferenciais nas estruturas de custo, despesas e gastos de capital (CAPEX - capital expenditure) do negócio. Também, em muitos casos, entendemos os sistemas de apropriação de custos, despesa e capital para cada segmento definido, obtendo, assim, a projeção de níveis de custos, despesas e gastos de capital para os cinco anos seguintes.

- Análise financeira retrospectiva – avaliamos indicadores financeiros passados da empresa, como: quantificação da dívida líquida, estrutura de capital, nível de alavancagem financeira, custo de capital de terceiros, custo de capital próprio, ciclo operacional (prazo de pagamento, recebimento e estocagem). Essa análise deve ser realizada pelo menos nos últimos dois anos da empresa, preferencialmente com balanços auditados. No fim, temos condições de estabelecer a projeção do nível de capital de giro operacional e a taxa de desconto da empresa, expressa pelo custo médio ponderado de capital (WACC – weighted average cost of capital).

5.2.2 Projeção dos lucros dos ativos intangíveis (economic earnings)

Dessas projeções de ganho por segmentos, é preciso extrair o retorno que seria esperado dos bens tangíveis empregados no negócio. Se não for determinado um retorno que excede o capital empregado – esperado dos ativos fixos e capital de trabalho ligados à gestão do negócio –, é incerto dizer que a marca (ou qualquer outro intangível) está agregando valor ao negócio. Depois de determinada uma taxa justa sobre o capital empregado, os ganhos residuais representam ganhos esperados de intangíveis do negócio para cada segmento. Esses ganhos seriam equivalentes aos gerados pelo negócio se não fosse incluído nenhum dos seus bens fixos, salvo os que estivessem no conceito de leasing.

5.3 Análise de contribuição de marcas

Na TM20 Branding utilizamos uma metodologia para essa estimativa com base em uma pesquisa de mercado de natureza quantitativa.

O que aconteceria com a Coca Cola... ...se ela perdesse sua marca?

A contribuição que a marca desempenha no processo de compra variará entre as marcas. Em uma mesma marca pode haver variação de acordo com as categorias de produtos, dentro de uma mesma categoria em diferentes países. Geralmente, o papel que determinada marca exerce na geração de demanda de um produto depende de vários fatores:

- até que grau o preço é determinante na venda do produto;
- se o consumidor percebe o produto como de alto valor agregado ou como commodity;

- se o grupo de consumidores tem alto conhecimento do produto por experiências anteriores;
- se o produto é percebido como tecnicamente diferente pelos players ou se é não diferenciado.

Detalhamento desse cálculo:

Vamos a um passo a passo da metodologia, que se origina da definição de atributos no processo de decisão de compra dos consumidores. Como em um caso de postos de combustíveis, no qual os atributos eram localização, qualidade, design, serviços, ambiente de posto, produtos, confiança na marca, forma de pagamento e promoções.

Em nossos trabalhos de pesquisa de mercado, normalmente definimos esse conjunto de atributos com gestores e executivos. Em algumas circunstâncias isso é feito com o próprio dono da empresa; em outras, porém, é fundamental a realização de uma pesquisa qualitativa com seu público – clientes + potenciais clientes. A pesquisa qualitativa pode ser realizada por meio de entrevistas em profundidade ou com grupos focais, quando juntamos consumidores em uma sala – presencial ou virtual –, e por uma moderadora, quando conduzimos discussões em grupo.

Outro ponto bem importante no processo de quantificação do valor da marca é uma pesquisa quantitativa de mercado, inclusive com amostragem que reflita seu erro amostral. Nosso gerente de Analytics, Cauê Nascimento, explica o dimensionamento estatístico de uma amostra:

Amostra

Em uma população finita apesar de grande, como é o caso das regiões brasileiras, é impossível ou impraticável a realização de uma amostragem próxima do que seria um censo.

Para tanto, examinamos somente uma pequena parte da população que chamamos de amostra. A amostra é dita representativa da população e pela análise dessa amostra podem ser obtidas conclusões passíveis de serem expandidas para população.

A margem de erro para uma amostra é o índice de variação dos resultados de uma pesquisa. Por exemplo, um erro amostral de 5% indica que o resultado poderá variar cinco pontos percentuais para mais ou para menos na pesquisa realizada.

Observamos no gráfico que o efeito do tamanho da amostra na margem de erro não é linear. Conforme aumentamos o número da amostra, a redução na margem de erro torna-se menos significativa.

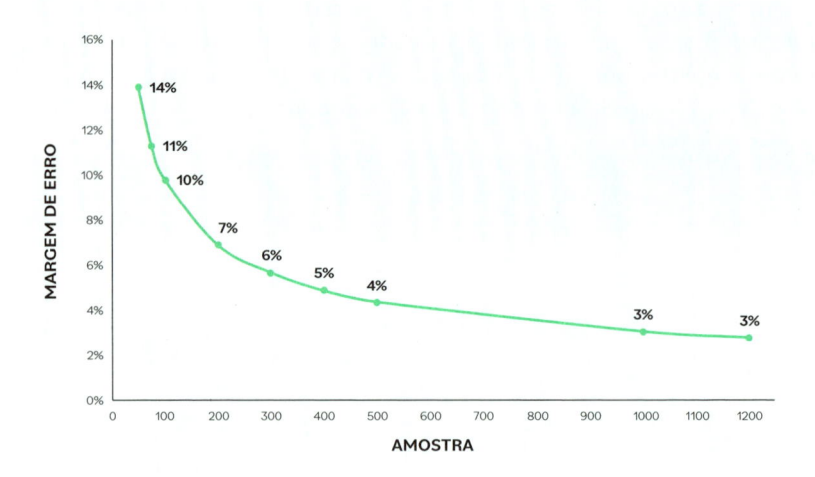

Portanto, a partir de determinado ponto, independentemente do tamanho da população, o aumento da amostra não se prova necessário em termos de variação de resultados.

Em nossos projetos, então, somos sempre obrigados a mensurar a margem de erro estatística da amostra.

Elaboramos um questionário e aplicamos a pesquisa. Esse questionário é feito em conjunto com nossos clientes, e com frequência em uma abordagem ad hoc, e tanto eu como Silvia Quintanilha participamos da preparação. E por tratar-se de uma pesquisa de brand equity, temos de estimular constantemente as marcas tanto da empresa quanto dos concorrentes.

Silvia Quintanilha, diretora de insights na TM20 Branding, fala um pouco dessa etapa de questionários ad hoc em projetos de quantificação do valor de uma marca:

> *Cada projeto é único. Cada demanda é específica. E a pesquisa de mercado customizada levará em consideração todas as necessidades determinadas para identificar as necessidades do projeto. Todos os questionários partem das percepções dos executivos da empresa sobre o tema da pesquisa, passando pela experiência dos executivos da TM20 e sendo validados por todos os stakeholders antes de irem a campo.*

Uma vez coletadas as informações, o processamento para o cálculo envolve alguns passos:

Entender a relevância dos atributos na categoria

Essa etapa envolve definir para a categoria em questão os atributos mais importantes no processo de escolha de uma marca. E já guarda um rigor estatístico bem importante, pois inclui o cálculo que denominamos importância "derivada" e não "declarada". A importância "declarada" é realizada por intermédio de uma pergunta direta, na qual o consumidor elege os atributos mais relevantes. Há uma crítica deveras grande a essa metodologia de perguntar diretamente qual é o atributo mais importante, pois o consumidor tende a racionalizar a resposta, e responde a atributos como preços melhores ou até mesmo preço que vale a pena pagar. Esse último, em minha opinião, não é muito útil porque não ajuda a entender a proposta de valor da categoria. Assim, optamos pela importância derivada, obtida da correlação das respostas dos atributos com a preferência, ou seja, são os atributos que mais movem a preferência.

Como produto do trabalho, temos um gráfico com os atributos mais importantes para a categoria. Essa informação é extremamente importante quando pensamos na proposta de valor desejada pela marca. Logo, como é comum, um atributo que várias vezes representa o DNA de muitas marcas – como "socialmente responsável" – ainda aparece com um nível de importância relativamente baixo.

Aí trago o exemplo de uma das marcas cujo crescimento acompanhei, o Banco Real. Quando fazíamos as pesquisas de mercado, "socialmente responsável" não era relevante na categoria. Isso significava que a marca não devia apostar nesse posicionamento? Jamais. O Real se posicionou e, com o tempo, todos os concorrentes passaram a seguir o tema. E sustentabilidade ganhou uma importância enorme, inclusive na categoria.

Percebam como podemos relacionar um projeto de brand valuation com o posicionamento de uma marca.

ATRIBUTOS	IMPORTÂNCIA
Marca inovadora	26%
Marca próxima	21%
Marca de confiança	19%
Produtos/serviços que atendem minhas necessidades	14%
Preços mais baixos	11%
Responsabilidade social	9%

Diferenciais competitivos percebidos das marcas

Na segunda etapa, quantificamos os diferenciais percebidos das marcas em cada um dos atributos. Aqui, usamos também a denominada matriz de associações para essa quantificação. Já no caso de cerveja, a marca Heinekein captura muito bem o atributo de jovem e inovadora. No segmento de bancos, o Nubank captura os atributos de inovação, sem burocracia com app fácil de utilizar. Enfim, cada marca tem seus diferenciais competitivos estabelecidos e é nessa etapa que quantificamos esses diferenciais.

Mas, em nossa metodologia, precisamos considerar primeiro o posicionamento dos players em relação ao atributo, e depois, dentro de cada marca, a importância dos atributos. Essa metodologia é chamada de "indicador TM20 de posicionamento de marcas".

Nossa diretora de insights da TM20 Branding, Silvia Quintaninha, explica de maneira sumariada o cálculo desse indicador com base em uma pesquisa de mercado quantitativa:

> *Começamos o cálculo do indicador por meio de uma regressão logística das respostas da pesquisa. Com isso, identificamos a importância relativa de cada atributo na categoria avaliada ante uma variável de consumo. Em geral, "preferência".*
>
> *O segundo passo é entender o posicionamento de cada marca em cada um dos atributos para, então, definir quais são os seus diferenciais na categoria e, finalmente, calcular o score de diferenciação com base nas notas ponderadas dos atributos diferenciadores versus a importância de cada atributo "preferência".*

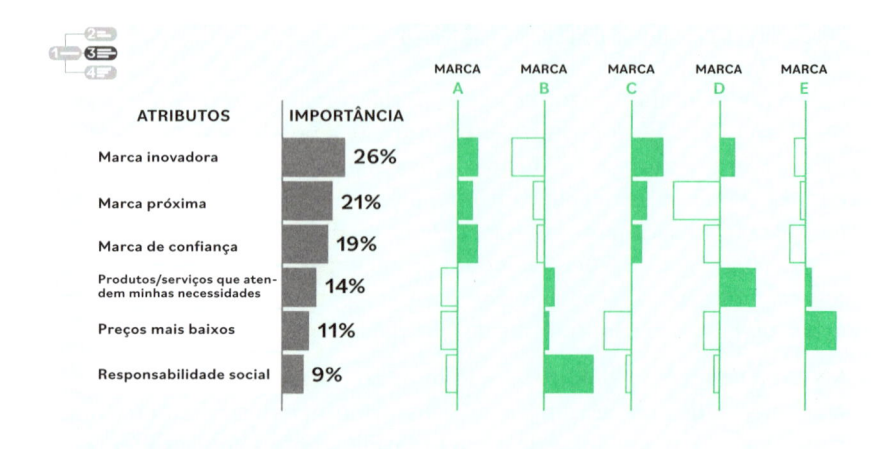

ATRIBUTOS	IMPORTÂNCIA	MARCA A	MARCA B	MARCA C	MARCA D	MARCA E
Marca inovadora	26%					
Marca próxima	21%					
Marca de confiança	19%					
Produtos/serviços que atendem minhas necessidades	14%					
Preços mais baixos	11%					
Responsabilidade social	9%					

Contribuição das marcas nos atributos

Na terceira etapa, para cada uma das variáveis, quantificamos a contribuição da marca. Ou seja, para cada um dos atributos, verificamos o quanto esse julgamento é respaldado pela marca ou por parâmetros relacionados a outros intangíveis. Vamos pegar como exemplo a Apple, mais especificamente o atributo tecnologia. Um consumidor declara: "Escolho Apple porque tem melhor tecnologia." É indiscutível que em todos os segmentos da Apple esse atributo talvez seja um dos mais relevantes na categoria, e um dos atributos que a Apple mais captura. Bem, sobre esse atributo, algum consumidor consegue julgar de maneira muito racional? Alguém desmonta o computador e tecnicamente consegue julgar se a tecnologia é de fato melhor? A grande maioria o faz se apoiando na marca, logo era de esperar que a contribuição da marca fosse muito alta. E bastante elevada.

Quantas vezes escutamos que os consumidores de cerveja não conseguem identificar a marca em testes cegos? E juram que adoram o sabor de uma Skol.

Em uma ocasião, avaliei uma marca de açúcar. E um dos atributos mais relevantes e diferenciais da marca era qualidade. Um consumidor justifica sua escolha: "Escolho União porque tem melhor qualidade." E qualidade no sentido técnico, daquele de menos pontos escuros (fragmentos escuros no açúcar) e também de maior pureza. Então, pergunto, quem consegue julgar se o União tem menos pontos escuros ou maior pureza? Será que alguém distingue isso? Participei de um grupo com consumidoras no qual a dona de casa de Ribeirão Preto dizia que tinha de comprar açúcar União, pois somente ele poderia ser usado ao fazer bolo. Vale lembrar que o cheiro de bolo na casa de consumidoras é sinal de uma casa feliz. E o motivo dessa lealdade à União é que ela aprendeu a fazer bolo com livros de receitas da União, e no próprio site você pode ver a quantidade de livros de receita lançados em toda a sua história.

A importância da marca é muito elevada nesse atributo e construída até hoje na mente das consumidoras.

Outro caso interessante é o da Tigre, tubos e conexões. E um dos atributos mais relevantes e diferenciais era segurança. Consumidor e profissional concordam e cada um confirma: "Escolho Tigre porque não falha." Portanto, como o processo de reforma de uma residência ou um apartamento é algo muito desagradável para o consumidor, ele precisa ter a certeza de adquirir um tubo de PVC que não vai dar problema. Agora, o consumidor tem conhecimento técnico para julgar tecnicamente o tubo de PVC ou o faz baseando-se na marca Tigre? É claro que é bastante emocional esse processo, assim a contribuição de marca é bastante elevada. A estratégia da Tigre em 2016 foi agregar valor com outras linhas de produtos e ser líder no mercado de construção civil.

Conhecida por seus bordões famosos, a fabricante colocou como objetivo se consolidar como a principal escolha no setor de construção civil, não apenas em tubos e conexões. Segundo especialistas, é algo factível. A empresa contém mais de 15 mil produtos em seu portfólio e não deve parar por aí.

A nossa meta é ter 15% do nosso faturamento vinculado a inovações dos últimos três anos, e ainda estamos nos 10%.[5]

A Tigre construiu uma marca muito forte e ampliou bem o seu portfólio, além do seu segmento de origem.

---

5   "Tigre põe as garras para fora". In: *Isto É Dinheiro*. Disponível em: https://istoedinheiro.com.br/tigre-poe-as-garras-para-fora/. Acesso em: 1 nov. 2016.

Em educação, por exemplo, um dos atributos mais importantes de um curso de graduação é a credibilidade na hora de o aluno colocar o nome da marca da instituição onde se graduou. E esse diploma de graduação marca seu currículo para o resto da vida.

Vamos para uma referência em que a contribuição de marca é muito reduzida. No caso de uma empresa que atua em segmento de muitas obras públicas, o cliente tem um rígido processo de licitação. No final desse processo ocorrem os chamados "leilões holandeses", nos quais se faz a qualificação dos concorrentes; os que vencem se submetem a uma concorrência baseada em preços. Alguns podem mencionar que isso é exclusivo do Governo ou da Lei 6.866, mas hoje esse procedimento mostra-se comum, como quando empresas compram commodities (como papel cutsize). Ao término, o atributo mais relevante e diferencial do processo era o preço mais baixo. E o cliente declarava: "Escolho a marca X porque tem o preço mais baixo." Nesse caso a contribuição de marca é zero. Cuidado, não estou mencionando o atributo preço compatível ou custo-benefício. O atributo é o preço mais baixo.

Para reduzir a subjetividade nesse processo, utilizamos pesquisas de mercado com perguntas muito específicas para quantificar a contribuição da marca em cada atributo com base na percepção dos clientes (ou seja, é quanto o cliente dá de suporte a seu processo de julgamento do atributo pela marca).

Esse é um modelo de correlação dois a dois de atributos com atributos de marca, que se fundamenta nas respostas de cada questionário de uma pesquisa quantitativa com clientes. Se esse resultado de correlação com testes tiver um nível de segurança mínimo, podemos quantificar para cada atributo a contribuição da marca.

Quanto mais racional e objetivo, menor o papel da marca.

Ex.: "Preços mais baixos"

Quanto mais baseado em percepções ou emoções, maior o papel da marca.

Ex: "Confiança de marca"

Por essa metodologia, conseguimos calcular a contribuição das marcas em cada um dos segmentos, como ilustrado a seguir.

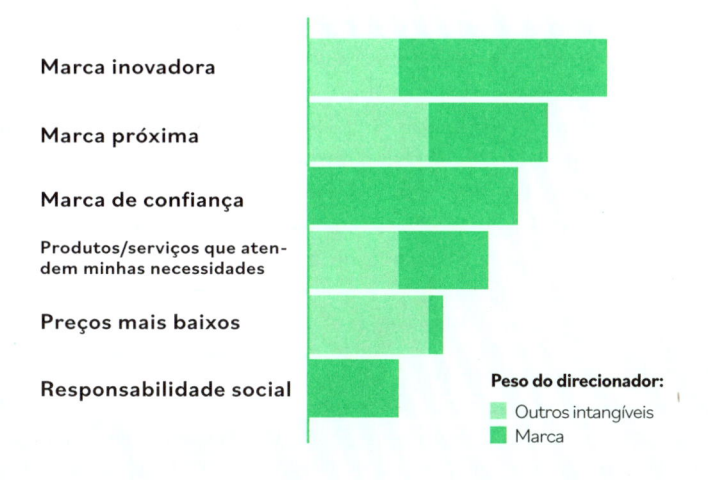

Aqui há um ponto bem importante da metodologia. O que fazemos quando tentamos quantificar esse indicador é basicamente desconstruir o processo de escolha dos consumidores e clientes, e daí em diante entender qual seria a contribuição da marca para cada atributo.

A proxy aqui estabelecida é que a contribuição no valor da marca percebida seria a importância da marca, entres outros intangíveis da empresa, como capital humano ou até mesmo sistemas de distribuição ou base de clientes.

Em relação a capital humano, você pode ser atendido pelo seu gerente José ou pelo gerente José do Banco X. Pode ainda ter a percepção de que, pela consistência da entrega do Banco X, qualquer gerente que esteja lá será um ótimo gerente. A gente vê, por exemplo, em consultorias que construíram uma percepção tão boa que qualquer consultor da marca é um ótimo consultor. Tenho essa percepção de inúmeras consultorias de negócio em cujos projetos já trabalhei. Assim como bancos de investimentos, são categorias capazes de ter uma marca muito valiosa.

Quanto ao ativo intangível sistema de distribuição, veja por exemplo que é o principal atributo da categoria, e provavelmente da marca, no posto de combustíveis. Mas, no caso exposto, a contribuição de marca é pequena – ela tem baixa influência nesse atributo, pois o consumidor sabe onde está localizado o posto mesmo sem o uso da marca.

Um caso muito emblemático que uso como exemplo de contribuição de marca no atributo localização é o Bank Boston. Com muito menos agências que seus concorrentes diretos, todos achavam que o Bank Boston tinha mais agências. Isso certamente ocorria porque as agências eram bem localizadas, em pontos de fluxo muito grandes. Mas havia mais! Em uma estratégia de comunicação, o Bank Boston colocou placas em quase todas as esquinas do centro de São Paulo, com indicações para chegar a uma agência do banco. Bem, muita gente achava que havia muito mais agências que o concorrente, sendo que de fato eram 36 agências.

Em outro caso, um dos atributos era a barreira de saída desses clientes, que se mostrava gigantesca muito em função de um contexto no qual os concorrentes eram poucos. De verdade, um atributo bem importante e que no passado poderia considerar-se um grande diferencial era o local onde recebo meus salários. Isso não poderia ser considerado marcas, mas, sim, a base de clientes. Hoje é cada vez mais raro segmentos com essas características em virtude do aumento de competição; em relação, por exemplo, ao atributo "local onde recebo meus salários", hoje existe a portabilidade de conta-corrente, assim não seria mais exatamente uma barreira de saída de clientes.

A contribuição de marca é uma variável calculada com base no processo de escolha dos clientes. É fator crítico de sucesso para a perenidade do negócio, uma vez que o ideal para o valor do acionista é que seus atributos sejam alicerçados na marca. Desse modo, alguém pode até contratar um profissional bastante qualificado, mas a marca é propriedade dos acionistas, e por isso mesmo muito valiosa. Portanto, monitorar esse atributo é muito importante no que chamamos KPIs de marca.

O produto da contribuição de marca pelos economic earnings nos fornece o lucro da marca, como ilustrado no gráfico a seguir.

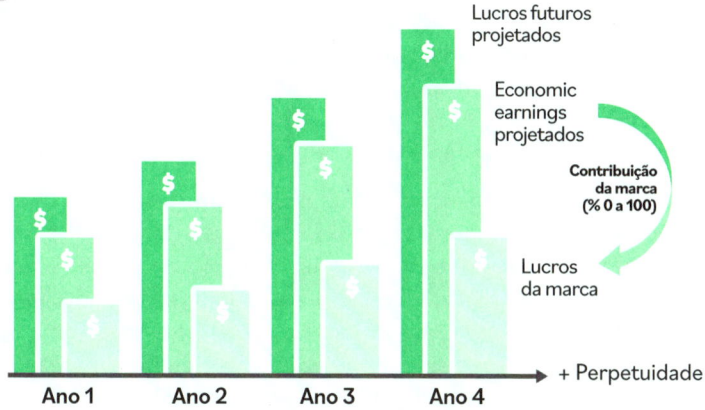

Para cada segmento, avaliamos a expectativa de lucros associados exclusivamente à marca segundo a rentabilidade projetada. É uma proxy do quanto de lucro futuro seria perdido sem a marca.

5.4 Análise de força de marcas

A quarta fase da avaliação da marca determina a taxa de desconto que deve ser aplicada aos resultados econômicos da marca para refletir o grau de risco adequado.

Onde você corre menos risco?

Marca fictícia, criada por ocasião do
lançamento do livro
Julho de 2024

Como nas duas fases anteriores, essa análise é conduzida para cada um dos segmentos. O princípio que determina o risco da marca se baseia no grau de confiabilidade dos resultados econômicos da marca no decorrer do tempo. À medida que a marca demonstra maior ou menor força, sua taxa de desconto será menor ou maior para refletir esse risco. Assim como na análise de contribuição de marca, o risco da marca requer pesquisa de mercado quantitativa para sua mensuração.

As metodologias de quantificação do risco de uma empresa utilizam um parâmetro, que é o custo de oportunidade de capital próprio. Esse parâmetro chama-se beta e é um modelo de precificação de ativos. Entre outros parâmetros, o beta estima o risco setorial. Ou seja, uma marca como a Coca-Cola teria o mesmo beta de uma marca como Sprite ou Guaraná Jesus ou até mesmo de uma marca como Dolly (sabendo que esta pode ser forte em alguns nichos, mas não se compararia com a Coca-Cola, por exemplo).

Esse ponto foi bastante importante quando conheci as diversas metodologias de valor de marca, e entendi haver maneira de obter uma taxa de desconto que melhor refletisse o risco da marca, tanto quanto utilizar premissas de projeção baseadas em resultados de pesquisas de mercado, como mostraremos a seguir.

Antes disso, é importante abordarmos o tema brand equity ou força de marca.

O que é uma marca forte?

Muitas vezes, as pessoas entendem por forte uma marca bem conhecida – isto é, cujo top of mind (primeira marca espontaneamente lembrada) seja um elemento fundamental de uma marca forte. E quando essas mesmas pessoas apresentam tal resposta, elas estão mais do que certas: trata-se de um atributo básico. Assim, começo uma grande polêmica; pergunto se todos conhecem a marca Flamengo e/ou Corinthians. Todos respondem que sim, é óbvio. Aí, pergunto aos alunos se um desses times é o de sua preferência ou lealdade. Alguns fervorosos dizem que sim. Outros (palmeirenses – como eu e meu filho -, tricolores, vascaínos, botafoguenses, sãopaulinos, santistas etc.) dizem que não. Alguém duvida do nível de lealdade do torcedor de qualquer uma dessas outras agremiações? Pois é, com esse exemplo simples, demonstro que existem outros atributos que tornam marcas fortes: lealdade e atributos específicos.

E isso se dá somente no futebol? Claro que não. Em carros de luxo, por exemplo, existe uma diferença grande nos atributos percebidos da marca Mercedez (tradição), BMW (desempenho, inovação, exclusividade) e Volvo (segurança). Eis o que chamamos topo da pirâmide ou atributos que viraram propriedade das marcas.

O fato de ser da Mercedez – que remete à tradição – não significa que o carro não deva ter um nível mínimo de inovação e segurança; ele tem de atender a um nível qualificador nos atributos da categoria, e isso faz com que também alcance uma boa pontuação em atributos qualificadores de outras categorias. O que é algo importante para uma marca forte, não? Com certeza. Então, como medimos a força de uma marca?

Nessa etapa estimulamos a marca e os concorrentes, e primeiramente perguntamos que marca o entrevistado conhece; a seguir, mostramos as marcas do set competitivo para, então, obter o que denominamos conhecimento estimulado.

Realizamos, porém, um modelo conhecido por "funil de conversão", que se inicia com: Das marcas que conhece, quais você consideraria comprar? Em seguida, de quais delas você é atualmente cliente, de qual compra mais, ou é um cliente mais frequente, qual você prefere, em qual confia, qual recomenda para terceiros e qual (não) rejeita.

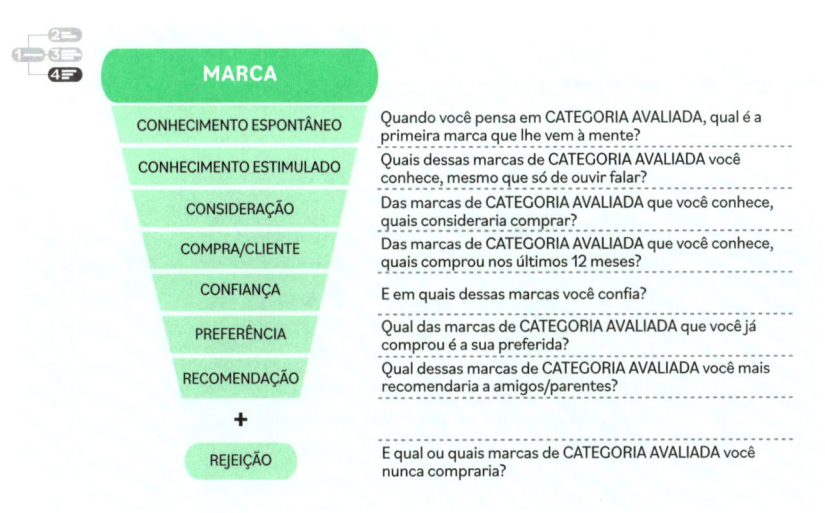

Solicitei à nossa diretora de insights da TM20 Branding, Silvia Quintanilha, que me ajudasse na descrição dessas oito variáveis:

1. Conhecimento espontâneo – a lembrança de cada marca quando se pergunta quais conhece em determinada categoria. É, ainda mais importante que o conhecimento geral, o que chamamos de top of mind. Essa é a primeira que entra no espaço mental do consumidor, o que lhe dá uma vantagem competitiva.

2. Conhecimento estimulado – a lembrança da marca quando estimulada.

3. Consideração – quais entre as marcas da categoria o consumidor considera comprar.

4. Compra/Cliente – quais marcas ele utiliza atualmente.

5. Confiança – em quais das marcas que conhece o consumidor confia.

6. Preferência – qual é a marca preferida.

7. Recomendação – quais marcas recomenda a amigos/familiares.

8. Rejeição – que marcas rejeita/não rejeita.

Adiante, ilustramos o resultado fictício de uma pesquisa de força de marca. Ou seja, neste exemplo fictício, quando perguntadas sobre a categoria da marca, 27% das pessoas conhecem de maneira espontânea a marca A.

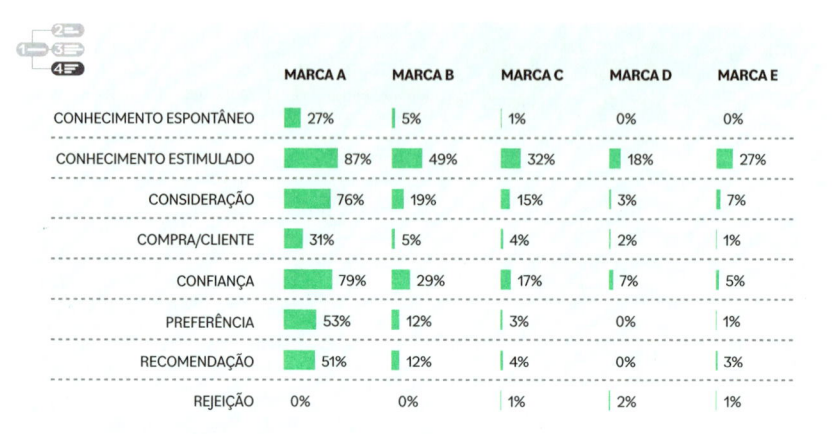

	MARCA A	MARCA B	MARCA C	MARCA D	MARCA E
CONHECIMENTO ESPONTÂNEO	27%	5%	1%	0%	0%
CONHECIMENTO ESTIMULADO	87%	49%	32%	18%	27%
CONSIDERAÇÃO	76%	19%	15%	3%	7%
COMPRA/CLIENTE	31%	5%	4%	2%	1%
CONFIANÇA	79%	29%	17%	7%	5%
PREFERÊNCIA	53%	12%	3%	0%	1%
RECOMENDAÇÃO	51%	12%	4%	0%	3%
REJEIÇÃO	0%	0%	1%	2%	1%

Como se pode observar, a marca A é mais forte, com indicadores bastante superiores em relação aos seus concorrentes.

Normatizamos as notas de força de marca, e calculamos a força da marca, um indicador de 0 a 100 para comparar cada um dos players, como ilustrado:

	MARCA A	MARCA B	MARCA C	MARCA D	MARCA E
CONHECIMENTO ESPONTÂNEO	9,8	4,4	2,9	2,6	2,6
CONHECIMENTO ESTIMULADO	9,7	6,0	3,3	1,6	2,6
CONSIDERAÇÃO	9,7	4,3	3,7	2,1	2,6
COMPRA/CLIENTE	9,8	3,7	3,4	2,8	2,5
CONFIANÇA	9,7	5,2	3,5	2,3	2,0
PREFERÊNCIA	9,7	4,6	3,0	2,5	2,6
RECOMENDAÇÃO	9,7	4,6	3,0	2,3	2,8
REJEIÇÃO	8,8	8,8	3,2	0,9	3,2
FORÇA DA MARCA	96,1	52,1	32,5	21,3	26,2

No caso, observa-se nitidamente que a marca A é a marca forte – com elevado nível de conhecimento e conversão de todos os itens –, o que a torna uma marca "grande". Em nosso modelo de avaliação, é uma marca que apresenta risco baixo dos lucros futuros, com score de 97/100.

O produto dessa etapa também oferece uma informação importante para definir a taxa de risco da marca. Quanto mais forte for a marca, menor é a taxa de desconto. Quando uma marca recebe nota 100, a taxa de desconto é semelhante à de um ativo com risco livre (como exemplo, o risco de investir em poupança).

De maneira bastante sumariada, segue nosso procedimento de cálculo da taxa de desconto da marca.

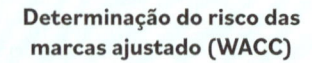

Determinação do risco das marcas ajustado (WACC)

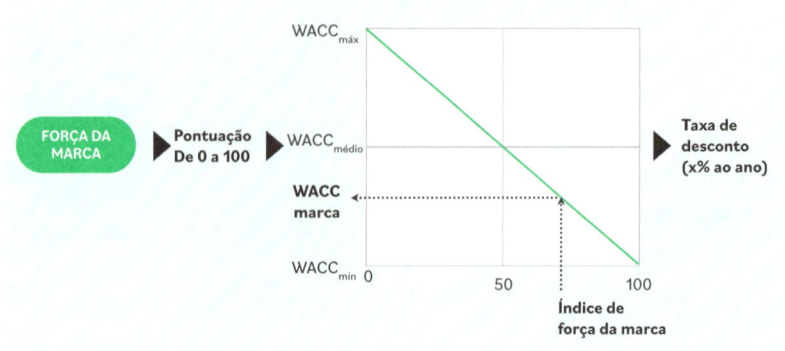

5.5 Cálculo do valor da marca

A quantificação do valor econômico-financeiro da marca é obtida pela projeção de lucros futuros da marca, atualizados a valor presente pela taxa de desconto. A planilha a seguir ilustra o cálculo que é realizado para cada segmento da empresa.

Qual é o valor das marcas nos segmentos de atuação?

	REAL			PROJETADO				
	Ano -3	Ano -2	Ano -1	Ano 1	Ano 2	Ano 3	Ano 4	Ano 5
Receita líquida	100	115	120	122	125	127	130	132
Economic earnings	8	12	15	16	17	18	19	20
Contribuição da marca			37%					
Lucros da marca				6	6	7	7	8
Taxa de desconto da marca			12%					
Valor presente				5	5	5	5	4
Valor da marca (valor presente dos lucros futuros da marca)			60					
Soma do valor presente do ano 1 ao ano 5			24					
Valor presente da perpetuidade a partir de ano 5			36					

Reconhecimento do valor da marca pela comunidade financeira

A avaliação de marcas e procedimentos para registro contábil de valor da marca tem sido tema de considerável interesse e debate, como podemos ver no número de artigos e papers existentes. Os debates, muito voltados para as novas normas do IAS (International Accounting Standard) e FASB (Financial Accounting Standards Board), concentram-se em como o registro contábil do valor da marca afeta as empresas e deixam claro para empresas multinacionais em processos de fusão e aquisição como tratar o ativo intangível e, dentro dele, como considerar o valor da marca.

Conforme Jan Lindemann (2010), em muitas operações de fusão e aquisição em 1980, as empresas registravam o valor do goodwill com base em expectativas futuras e negociações.[6] Nessa época, paradoxalmente, tanto nos Estados Unidos quanto na Europa os padrões contábeis solicitaram a "baixa" (write-off) de goodwill de aquisições contra reservas. Para o autor, tal procedimento não estava sincronizado com as realidades de negócios. Naquela época (década de 1980), os contadores estavam bastante céticos quanto ao registro dos ativos intangíveis.

A contabilidade é governada pelo princípio de prudência; as avaliações devem ser válidas, coerentes e reproduzíveis. Vale a pena recordar um pouco os princípios contábeis.

> *Por que existem o balanço patrimonial e a contabilidade das empresas? Para fornecer uma estimativa do real valor financeiro da empresa ou, guiados pelo princípio de prudência da contabilidade, incluir somente dados objetivos para acessar apenas o passado e registrar as transações? Até agora, a segunda linha é a utilizada em quase todos os países.*[7]
>
> **Jean-Noël Kapferer**

---

6   Lindemann, Jan. *The economy of brands*. Londres: Editora Palgrave Macmillan, 2010.
7   Kapferer, Jean-Noël. *The new strategic brand management: creating and sustaining brand equity long term*. Londres: Kogan Page, 1997.

A reflexão é muito válida, e a postura da comunidade financeira é importante. O que poderíamos pensar do balanço patrimonial se fosse baseado em métodos de avaliação subjetivos e não uniformes?

No caso de marcas adquiridas, seu valor pode ser registrado. E existe um fundamento por trás disso. É que, na realidade (seja por caixa, seja por troca de ações), nessas operações de fusão e aquisição um valor envolvido na operação teve de sair dos ativos da empresa. Portanto, esse procedimento para o caso de marcas adquiridas é aceito como parte de um goodwill ou fundo de comércio.

Mas nem os contadores foram tão consistentes. Jan Lindemann (2010) menciona que, no passado, algumas empresas da Austrália e Nova Zelândia conseguiram registrar em seus balanços patrimoniais marcas adquiridas e geradas internamente, como: Lion Nathan (líder do segmento de cervejas e bebidas na região), Fonterra (líder neozelandeza no segmento de lácteos, maior empresa produtora de leite em pó do mundo, com presença expressiva na América Latina) e Telecom NZ. E o autor menciona, inclusive, que em setembro de 2005 a Lion Nathan registrou em seu balanço marcas contabilizadas a NZ$ 2,4 bilhões. A Fonterra registrou o valor da marca em NZ$ 1,2 bilhão. E lembro que todas essas empresas eram auditadas.[8]

De acordo com Jan Lindemann (2010), o maior impulso para que os contadores e o mercado se mobilizassem em prol do tema foi quando a RHM (falaremos do caso da Rank Hovis McDougall a seguir) e outras detentoras de marcas demandaram um tratamento mais específico em 1985.[9] E levou quase uma década para que as entidades regulatórias de padrões contábeis definissem padrões contábeis mais claros para tal reconhecimento.

Segundo Kapferer (2011), o tema ganhou importância a partir de 1985, quando houve um número bastante grande de operações de fusão e aquisição que envolviam nitidamente marcas.[10] Os impactos financeiros e fiscais despertaram – e ainda despertam – muito interesse sobre o tema.

---

8   Lindemann, Jan. *The economy of brands*. Londres: Editora Palgrave Macmillan, 2010.
9   Lindemann, Jan. *The economy of brands*. Londres: Editora Palgrave Macmillan, 2010.
10 Kapferer, Jean-Noël. *The new strategic brand management: creating and sustaining brand equity long term*. Londres: Kogan Page, 1997.

Como mencionamos anteriormente, em geral as operações de fusão e aquisição geram um goodwill ou ativo intangível bem representativo. E dentro do valor desse ativo intangível, em alguns casos a marca desempenha papel muito importante.

Em 1997, a UK Standards Board foi a primeira a discordar dos procedimentos IFRS (International Financial Reporting Standard, normas internacionais de contabilidade) 10 e 11 no tratamento de "acquired goodwill" no balanço patrimonial. Um ano depois, o International Accounting Board publica o IAS 38, seguindo o tratamento contábil proposto pelo UK Standard.

Aqui, vale a pena extrair da obra de Jan Lindemann (2011) o resumo de como foi um dos primeiros casos de avaliação de marcas:

> *Em 1998, uma empresa que realizava aquisições, chamada Hanson Trust, contrata o australiano Goodman Fielder Wattie (GFW) para realizar uma aquisição: a Rank Hovis McDougall (RHM), que detinha marcas como Bisto, Hovis e Saxa. Ou seja, o comprador era GFW e o vendedor, a empresa RHM. A primeira oferta por GFW avaliou a empresa com um prêmio sobre o valor patrimonial muito pequeno. A administração da RHM não concorda, pois entende que no valor proposto por GFW não estava o portfólio das marcas. A fim de provar sua hipótese, os gestores decidem contratar uma consultoria de marcas. Ela contrata a Interbrand, que desenvolve em conjunto com a London Business School um modelo para avaliar marcas como ativos. A abordagem combinava aspectos de marketing e finanças. Naquele momento, a metodologia utilizada foi da abordagem dos "múltiplos", pelos quais os lucros da empresa eram multiplicados por um fator determinado em função da força da marca. O resultado final foi um valor para cada uma das marcas do portfólio da RHM. A soma do valor do portfólio das marcas foi de UK£ 678 milhões, enquanto o valor dos ativos tangíveis era de UK£ 400 milhões. Com isso, a operação registra pela primeira vez no balanço patrimonial esse valor, e a oferta de GFW foi desprezada.[11]*
>
> **Jan Lindemann**

Outro caso bem interessante de valor de marca foi o descrito por Kapferer (1997) sobre o caso da avaliação da marca Absolut, em 2009:

---

11 Lindemann, Jan. *The economy of brands*. Londres: Editora Palgrave Macmillan, 2010.

Segundo o autor, uma consultoria avaliou a marca Absolut em seu ranking Top 100 most valuable brands em menos que € 3,0 bilhões (na realidade, € 2,2 bilhões) – o valor de marca divulgado em rankings de valor de marca baseia-se exclusivamente em dados públicos, sem nenhum contato com a empresa.

Já o valor de marca calculado pela Pernod Ricard tinha informações da empresa, P&L (profit & loss, demonstrativo de lucros e perdas) de longo prazo e deve ter sido baseado no uso econômico. Portanto, o valor calculado continha muito mais informação que um ranking baseado em informações públicas. O autor inclusive descreve: "There is no real value outside the business plan." Pernod Ricard pagou 17 vezes o valor do lucro anual pela Absolut. Para o registro de marcas em balanços patrimoniais normalmente são contratadas empresas de consultoria específicas e independentes.

Esse foi, além de um dos primeiros casos de registro de valor da marca em balanços patrimoniais, o início do desenvolvimento de metodologias e modelos de empresas para apoiar o processo de quantificação de valor econômico-financeiro de marcas.

Em 2001, o US Accounting Standards Board introduziu o FASB 141 e 142, especificando o tratamento contábil ao goodwill.

Hoje, IAS e FASB são muito similares no tratamento do reconhecimento do goodwill. Há também muita consistência na forma como são tratadas empresas/marcas adquiridas e marcas geradas internamente.

Por exemplo, a marca Telefónica sempre foi da empresa Telefónica. O valor da marca Burger King, que foi adquirida, aparece nos balanços patrimoniais da Burger King Holdings. E o valor da marca McDonald's não aparece no balanço patrimonial da empresa, já que é gerada internamente (internally generated).

---

12 Kapferer, Jean-Noël. *The new strategic brand management: creating and sustaining brand equity long term.* Londres: Kogan Page, 1997.

Contadores da London Business School (Barwise, 1989)[13] estudaram o tema e deram opinião desfavorável à inclusão de todas as marcas geradas internamente (o termo home-growns brands também é utilizado no caso dessas mesmas marcas).

Outro ponto sobre o reconhecimento de valor de marcas geradas internamente em balanços patrimoniais é levantado por Terry Harding, auditor da Ernst & Young no livro *Brand valuation*,[14] de Raymond Perrier.

Como ele menciona, algumas empresas alegaram para a IASC (International Accounting Standards Committee) que seria importante o mercado ter as informações de valor da marca. Contudo, IASC não aceita o argumento; para Terry Harding, os analistas baseiam-se em estimativas de lucros futuros para recomendar ou não um determinado papel. Essa recomendação pode ou não ser aceita pelos investidores, que aí, sim, têm condições de fazer o preço da ação subir.

E esse julgamento (dos analistas e do mercado de capital) não seria privilegiado se existisse a informação do valor da marca no balanço patrimonial como ativo da empresa. O que influencia muito mais é, de fato, se o lucro do período caiu ou subiu. A informação sobre a marca não seria relevante para esses públicos, segundo IASC.

E no caso dos padrões contábeis do Brasil?

A Lei 11.638/07, editada em 29 de dezembro de 2007, promoveu importantes melhorias em relação à Lei 6.404/76 (Lei das Sociedades por Ações).

Incluiu-se um grupo de intangíveis no ativo permanente (artigo 179). Definiu-se um critério para a avaliação desses ativos, que terá como base o custo incorrido na aquisição, bem como critérios para os testes de impairment (análise sobre a recuperação de valores registrados nos ativos imobilizado, intangível e diferido).

Devemos esclarecer que a nova lei **não permite** o registro de marca ou outros ativos intangíveis avaliados pela metodologia da rentabilidade futura de marcas "geradas internamente". Seu registro é exclusivo para marcas em casos de fusão e aquisição.

---

13 Barwise, Patrick. "Brands as 'separable assets'". In: *Business Strategy Review*. Volume 1, issue 2. Londres: Business School, 1989.

14 Perrier, Raymond; Stobart, Paul. *Brand valuation*. Califórnia: Premier Books, 1999.

Minha opinião sobre o tema é que, na metodologia conhecida como uso econômico ou da rentabilidade futura, considerados todos os fatores mencionados aqui, não faria sentido o registro do valor da marca por essa metodologia.

Pelo princípio da prudência dos contadores, entendemos que o balanço patrimonial é peça fundamental na gestão econômico-financeira de uma empresa, pois é a parte tangível do negócio. É como se fosse, por exemplo, o saldo de sua conta-corrente, com o quanto você tem em seu banco para em um curto prazo saldar suas dívidas e pagamentos de curto prazo.

Existe um ponto colocado por quase todos os autores, que é o chamado princípio da separabilidade. Qual é a liquidez do ativo marca separada do negócio? Ela tem liquidez de forma independente? Em geral, não. A marca sozinha, longe do contexto do negócio, não tem mesmo valor. Certa vez, em um tribunal de arbitragem, perguntaram sobre o potencial valor de uma marca para um terceiro. A marca Apple é uma das mais valiosas do mundo porque a empresa é a mais valiosa do mundo. Agora, isso faz com que dificilmente uma marca possa ser registrada separadamente em um balanço patrimonial.

Como efetuar o disclosure dos ativos intangíveis e da marca da empresa?

A alternativa que está sendo muito discutida é a criação de um novo relatório de informações ao mercado, o denominado relatório de Intellectual Asset Statement.

Yoshiaki Tojo, líder da Divisão de Economia e Estatística da OECD (Organization for Economic Co-operation and Development), menciona a seguir as três conclusões de um estudo inicial sobre intellectual assets (IA) e value creation conduzido por essa organização de 2004 a 2006.

1. Os intellectual assets desempenham papel substancial no crescimento da economia.

2. A boa gestão das empresas é indispensável: deve-se encorajar a difusão de melhores práticas de non-financial reporting e IA management.

3. As empresas necessitam acessar capital humano qualificado, base de conhecimento e controle sobre o uso dos IA (patentes, registros de marcas...).[15]

O papel dos intellectual assets em inovação e processo de criação de valor necessita de uma investigação mais detalhada.

O governo da Dinamarca, por intermédio do Ministério da Indústria e Comércio, publicou o documento "A guideline for intellectual capital statements: a key to knowledge management". O trabalho iniciou em 1998, coordenado pelo ministério com 17 empresas privadas participantes, a auditoria de Arthur Andersen, Copenhagen Business School e The Aarhus School of Business and Social Sciences. Nesse trabalho foram estabelecidos padrões e indicadores recomendados para empresas elaborarem o relatório de capital intelectual.

Iniciativas como as do governo da Dinamarca deveriam ser seguidas pelo governo brasileiro, haja vista que podem ser fonte importante para a competitividade das empresas nacionais e, como mostrou um dos itens do relatório da OECD, são capazes de ter importantes impactos positivos na economia do país.

A inserção de empresas brasileiras no contexto global e no contexto dos ativos intangíveis faz com que cada vez mais as empresas necessitem entender o valor dos ativos intangíveis e, principalmente, a definição de uma estratégia de comunicação clara em seus relatórios financeiros disponibilizados ao mercado.

Algo que pode mostrar-se muito contrário a todas as tendências, e talvez contrário a alguns princípios básicos da contabilidade, é a solução de registrar o valor de ativos intangíveis (e de marcas) em balanços patrimoniais, exceto em caso de fusão e aquisição.

A criação de um relatório dos ativos intangíveis com métricas não exclusivamente financeiras, que envolva os públicos estratégicos da empresa (marca, capital humano, sistema de distribuição, base de clientes, reputação corporativa, tecnologia, P&D, patentes...), talvez seja uma alternativa interessante para que as empresas (brasileiras) consigam tangibilizar para outros mercados o seu real valor.

---

15 "A guideline for intellectual capital statements: a key to knowledge management". In: *Danish Agency for Trade and Industry* – Ministry of Trade and Industry. Disponível em: https://ufm. dk/en/publications/2001/a-guideline-for-intellectual-a-guideline-for-intellectual-capital-statements-a-key-to-knowledge-management. Acesso em: nov. 2020.

Entendemos a relevância de um trabalho de branding com os investidores para empresas de capital aberto nacionais, ainda mais considerando um contexto de grau de investimento que favoreça nossas empresas. As empresas brasileiras precisam ser conhecidas e reconhecidas fora do Brasil e hoje podem acessar um capital que anteriormente seria bem mais difícil. São indiscutíveis os diferenciais competitivos das corporações brasileiras, mas talvez não estejam muito claros para um investidor de qualquer outra parte do mundo.

ISO 10668 – Padrões para a valorização monetária de marcas

Para você, que ainda é cético quanto ao valor da marca, de fato vale a pena saber que desde 2007 existe uma norma ISO que coloca alguns padrões para o tema valor da marca. Tal norma foi realizada para estabelecer critérios para o que muitos chamam de avaliação "subjetiva".

Mas o que é a ISO?

"ISO (International Organization for Standardization) é uma federação mundial de órgãos nacionais de normas (órgãos-membros da ISO). O trabalho de elaboração de normas internacionais costuma ser realizado por comitês técnicos da ISO. Cada órgão-membro interessado em um assunto para o qual uma comissão técnica foi criada tem o direito de ser representado nessa comissão. Organizações internacionais, governamentais e não governamentais, em ligação com a ISO, também participam do trabalho. A ISO colabora estreitamente com a Comissão Eletrotécnica Internacional (CEI) em todas as questões de padronização eletrotécnica.

As normas internacionais são redigidas de acordo com as regras estabelecidas nas Diretivas ISO/IEC, Parte 2.

A principal tarefa das comissões técnicas é preparar normas internacionais. Minutas de normas internacionais aprovadas pelas comissões técnicas são distribuídas aos órgãos-membros para votação. A publicação como norma internacional requer a aprovação de pelo menos 75% dos organismos-membros que votam. A ISO 10668 foi elaborada pelo Project Committee ISO/PC 231, brand valuation (valor de marca).[16]

Uma das melhores publicações que já vi sobre o tema vem da BSI, que faz parte do BSI Group. Quem tiver interesse em obter a ISO 10668 pode adquiri-la no site.

No mesmo site, a empresa informa:[17]

A BS ISO 10668 foi projetada para ajudar os profissionais de finanças e marketing a valorizar as marcas. Como único padrão internacional nessa área, pode ajudar a tornar esses números mais confiáveis. Como padrão internacional, pode ser usado para qualquer marca e em todos os mercados.

A norma especifica requisitos para procedimentos e métodos de mensuração do valor monetário da marca. Ela fornece uma estrutura completa, incluindo objetivos, bases de avaliação, abordagens de avaliação, métodos de avaliação e fornecimento de dados e premissas de qualidade. Também especifica métodos para relatar os resultados dessa avaliação.

Essencial para qualquer pessoa envolvida na avaliação da marca.

Para deixar bem claro, a ISO 10668 levanta as metodologias que menciono no capítulo a seguir, porém, como convém a uma norma, deixa a critério do avaliador a escolha dos métodos. Por isso, pensei em mostrar um detalhamento da metodologia dos principais métodos ilustrados aqui neste capítulo.

---

16 Online Browsing Platform (OBP). "ISO 10668: 2010(en)". Disponível em: https://www.iso.org/standard/46032.html. Acesso em: 23 jun. 2024.
17 British Standard Institute (BSI). BS ISO 10.668/2010: brand valuation. Requirements for monetary brand valuation". Disponível em: https://www.iso.org/standard/46032.html. Acesso em: 23 jun. 2024.

Também evoluímos muito no tema ranking das marcas brasileiras mais valiosas.

Ranking das marcas brasileiras mais valiosas

Publicado desde 2003 pela revista *IstoÉ Dinheiro*, "As marcas mais valiosas do Brasil", por todo este tempo tive a felicidade de ser o responsável técnico do estudo, com uma parceria incrível.

Os rankings normalmente são feitos com dados públicos de mercado (valor de mercado das empresas, valor patrimonial) e dados de uma pesquisa de mercado quantitativa. Desde 2009 sempre utilizamos dados de referências importantes de pesquisas de mercado. Em 2022 e 2023 utilizamos como referência o BAV (Brand Asset Valuator) do Grupo WPP.[18]

Alguns podem perguntar: "Por que as consultorias lançam ranking de valor de marca?" Por um motivo muito simples. Temos de demonstrar que há uma metodologia robusta para CEOs, donos de empresas e mercado de capitais, e que marcas desempenham um papel fundamental na dinâmica de geração de valor dos acionistas. E tinha de ser publicada em uma revista como a *Isto É Dinheiro*, pois é um tema de negócios e não se limita à comunicação.

> *É motivo de orgulho para a Isto É Dinheiro ter uma parceria de vinte anos com o Eduardo Tomiya na publicação das Marcas mais valiosas do Brasil. A metodologia desenvolvida para a elaboração dos rankings de valor e força de marca é uma referência no reconhecimento das empresas junto ao mercado consumidor, além de ferramenta útil para as decisões estratégicas de investimento em comunicação. Além disso, a TM20 tem sido uma fonte riquíssima de insights de branding e análises de posicionamento das empresas no ecossistema em que atuam.*
>
> **Celso Masson, diretor de núcleo da Editora Três**

Um dos pontos importantes nos rankings é ter uma base de estudos de mercado muito forte. A partir de 2020, o Grupo WPP denomina o BAV[19] uma ferramenta de inteligência de mercado. Essa metodologia é

---

18 Quer conhecer em maior profundidade esses estudos, clique em https://www.tm20.com.br/ranking.
19 WPP. Disponível em: https://wppbav.com/.

agnóstica e avalia as marcas sem a fronteira de categorias, o que, em minha opinião, é um avanço enorme, uma vez que vivemos um momento de ruptura de categorias. Logo, o ideal é que a marca "pense" um pouco fora dos limites de sua categoria atual, sendo base importante para oportunidades do que chamamos de brand stretch.

Os dados financeiros desse ranking são fornecidos pela Trademap, um dos mais importantes portais de informações de mercado do Brasil.

Este ano, o BAV Brasil considerou a seguinte amostragem:

Metodologia do ranking das Marcas mais valiosas do Brasil

Pesquisa de mercado:

17 MIL
entrevistas com consumidores

Análise financeira:

250
empresas no mercado de capitais

A marca global mais forte no Brasil 2023 foi a Google segundo a *Isto É Dinheiro*.

E, de acordo com essa mesma fonte, a marca mais valiosa do Brasil 2023 é a Mercado Livre.

Definitivamente, temos grande orgulho dessa parceria com o Grupo WPP e o BAV para estudo das marcas mais valiosas do Brasil.

Há de se ter atenção constante quando pensamos em marcas, uma vez que estas são as grandes emissoras e produtoras de design. Devemos sempre pensar que a estética, ou a experiência de uma marca, seja pautada pela ética, por meio de um fazer ético-estético-libertário, na qual o design melhora a vida das pessoas, resolve um problema, diferenciando-se dos demais, tornando-se, portanto, relevante em nossa sociedade. Chamamos esse processo de design centrado no ser humano, ou centrado na vida. Por isso, é tão importante medir o valor de uma marca. Não apenas para sabermos quando estas valem como ativo intangível, ou mesmo quanto trazem de valor para os acionistas, mas para saber qual é a capacidade dessas marcas evoluírem, junto à cultura, de forma centrada nas pessoas e no próprio planeta. Tomiya, grande expert no assunto de brand valuation, e nós da Design Bridge temos editado e publicado rankings de valor de marca nos últimos anos utilizando o BAV, ou Brand Asset Valuator, maior banco de dados de marcas do mundo. Menciono isso porque o BAV adota uma metodologia que mede a força de marca, baseada em diferenciação e relevância, de forma totalmente centrada nas pessoas, o que reforça meu ponto acima. Medir o valor de uma marca trata-se mais do que medir seu valor financeiro. Trata-se de avaliar a resposta que as pessoas dão para o caminho e o impacto que uma marca quer deixar no mundo.

Marcelo Bicudo, CEO da Design Bridge & Partners

Perguntas e respostas sobre valor da marca

Nessa etapa, quero compartilhar algumas perguntas e respostas com clientes e imprensa sobre valor da marca.

1. (Cliente): Preciso registrar a marca em meu balanço patrimonial da empresa. A marca sempre foi da empresa. Como fazer, qual seria o processo?

Quantas pessoas têm ideia de registrar a marca por entenderem que é um ativo ou que é uma marca muito tradicional de mercado? E não que não seja justo. Primeiro, de acordo com a legislação – como demonstrei neste capítulo –, as marcas somente podem ser registradas pelo conceito do uso econômico em caso de aquisição ou da existência de uma operação de compra e venda. O caso mais típico é quando a empresa que fez a aquisição reconhece o valor dos ativos intangíveis em seu balanço pela metodologia do uso econômico. O que recomendo para empresas nessa situação é avaliar se registra ou não o valor da marca dentro dos intangíveis caso a marca seja gerada internamente.

2. (Cliente): Minha empresa fez uma aquisição. Sou obrigado a registrar o valor da marca? Se não, por que algumas empresas não destacam o valor da marca nas operações de fusão e aquisição?

A empresa não é obrigada a destacar o valor da marca no valor dos ativos intangíveis em uma aquisição. Quando for fazer esse processo de registro do valor da marca dentro dos intangíveis, leve em conta alguns pontos:

- A marca é um ativo de vida útil infinita, o que significa não ter a amortização contábil – que possibilita deduzir essa despesa do imposto de renda – como os ativos intangíveis, que têm cinco anos de vida e amortização.

- Vamos pegar o exemplo da Procter & Gamble no momento da aquisição da marca Gillette. De acordo com informações da Securities and Exchange Commission, o valor contábil registrado em seus livros era de US$ 26,251 milhões. Segundo a matéria da CNBC em junho de 2019, o valor da baixa nos livros contábeis da empresa foi de US$ 8 bilhões. Ainda nessa matéria, os executivos atribuem a baixa às atuais desvalorizações e baixa na frequência de consumo do produto. Também mencionam que sofrem com a concorrência de "ruptores" como Dollar Shave Club e Harry's.[20]

- Se você for o financeiro da empresa, tome cuidado ao registrar a marca. Como é um ativo relevante, anualmente os auditores solicitam teste de impairment. [21]

O auditor pode comparar as premissas usadas na aquisição com o uso efetivo do ativo. Isto é, se a empresa for auditada - seja esta de capital aberto ou não -, quando destacamos o valor da marca dentro dos ativos intangíveis, ela fica sujeita a ter de realizar o processo de avaliação da marca com certa frequência. Pode ser um ótimo negócio para consultorias como a minha, porém não muito conveniente para nossos clientes. Portanto, acho que nós, consultores de marca, deveríamos alertar os clientes desse risco. É o que estou tentando fazer aqui.

Um exemplo que gosto de usar é o caso de duas empresas da área de tecnologia. A marca que adquiriu outra concorrente registrou a marca em seu balanço patrimonial.[22] O diretor--financeiro não alinhou esse procedimento com o marketing, que deu prosseguimento à estratégia de descontinuar a marca. Tempos depois, quando os auditores pediram um teste de impairment, obviamente o valor da marca era bem inferior

---

20 Lucas, Amelia. CNBC. "Procter & Gamble writes down Gillette business but remaisn confident in its future". Disponível em: https://www.cnbc.com/2019/07/30/procter-gamble-writes-down-gillette-business-but-remains-confident-in-its-future.html. Acesso em: 30 jul. 2019.

21 Impairment é uma palavra em inglês que em sua tradução literal significa deterioração. Assim, trata-se da redução do valor recuperável de um ativo. O teste de impairment é, portanto, uma avaliação para verificar se os ativos da empresa estão desvalorizados, ou seja, se o seu valor contábil excede seu valor recuperável. Por valor recuperável entende-se o maior valor entre o valor justo líquido de despesas de venda e o valor em uso. In: *Investor*. Disponível em: https://investorcp.com/gestao-ativo-imobilizado/teste-de-impairment/#:~:text=Impairment%20%C3%A9%20uma%20palavra%20em,cont%C3%A1bil%20excede%20seu%20valor%20recuper%C3%A1vel. Acesso em: 23 jul. 2019.

22 "Worst tech mergers and acquisitions: HP and Compaq". Disponível em: https://www.zdnet.com/article/worst-tech-mergers-and-acquisitions-hp-and-compaq/. Acesso em: 15 fev. 2016.

ao registrado nos documentos financeiros; isso ocorreu pelo fato de a estratégia de marketing ter sido descontinuada com a marca adquirida. Houve uma baixa contábil – write-off – e, como a empresa era capital aberto, o impacto foi bem razoável em seu valor.

Portanto, em operações de aquisição, temos de pensar realmente se vale a pena destacar o valor da marca adquirida.

3. (Cliente): Como funciona a avaliação de marca de uma empresa que está sendo vendida?

Primeiro, como em toda operação de fusão e aquisição, existem dois lados: um que está adquirindo e outro que está vendendo a empresa. E são dois lados com muitas visões antagônicas em relação ao tema valor. Um banqueiro que conheci na época da Trevisan dizia que o valor justo de uma operação é o quanto um está disposto a pagar e o outro está disposto a receber. Portanto, sempre é muito recomendável que exista a premissa clara de quem está contratando o trabalho.

Normalmente, os termos-chave para quem está comprando são busca de sinergia e estratégias de crescimento. Hoje, os compradores se concentram muito na captura de sinergias de redução de custos, que é uma visão de curto prazo.

Todavia, em muitos casos, a expectativa de crescimento e integração é algo igualmente relevante. Quando a Saint-Gobain adquire a Telhanorte em 2000 e a Tumelero em 2017, o objetivo era de crescimento e integração vertical em sua cadeia, muito em linha com os desafios do digital.

Como menciona Marcus Ayres, do Boston Consulting Group: "Essas empresas capturaram ganhos em escalas que demorariam anos para conseguir só com crescimento orgânico, adotaram melhores práticas e aumentaram portfólio. O processo é uma ferramenta para turbinar o crescimento, a inovação e a eficiência na estrutura de custos."[23]

---

23 Exame. "Após dois anos de queda, aquisições crescem 14% de janeiro a agosto: a Saint Gobain, que atua em diversos segmentos no Brasil, adquiriu, em 12 meses, sete empresas brasileiras". Disponível em: https://exame.com/negocios/apos-2-anos-de-queda-aquisicoes-crescem-14/. Acesso em: 1 out. 2016.

O ponto é que certamente esses não eram os mesmos objetivos e fonte de valor de quem está vendendo a empresa. Os grandes drivers de valor de um atual dono são a percepção de que a empresa não tem perenidade, a falta de recursos para competir e futuros problemas oriundos de sucessão familiar. Em outros casos vendem as empresas na perspectiva de remunerarem o capital investido no passado ou entendem que "é uma boa hora para sair do negócio".

Logo, devemos responder a essa pergunta com as duas perspectivas citadas, que obviamente influenciam o valor do negócio ou da operação; uma coisa, porém, é extremamente relevante: o tema marca, com diferentes percepções mas igualmente importantes.

> Costumo dizer que em uma operação de fusão e aquisição, quem está comprando busca crescimento, captura de sinergias etc., enquanto quem está vendendo deseja otimização de valor da operação.

Para o comprador o tema mais importante é o crescimento, pois, de fato, a empresa deve crescer após a fusão e deve ter seus planos de crescimento associados ao processo de pós-aquisição. Também existem temas regulatórios de aprovação em agentes regulatórios para evitar a concentração. O que fazer com a marca, as pessoas, os processos, enfim, todos os ativos intangíveis, como será a NewCo, isso tudo é uma grande preocupação. No capítulo seguinte trato esse tema, principalmente em relação à marca. Como será a estratégia de marcas dessa NewCo.

Já para quem vende, normalmente seus fundadores e seus públicos estratégicos têm uma relação bastante afetiva com a marca. Os anos de experiência me fazem perceber que, em várias situações, os acionistas não têm conhecimento nem de sua percepção externa nem de seu valor da marca – ou do quanto a marca representa para os públicos externos e para o negócio.

Não é incomum que, depois de um trabalho de valor da marca, os próprios acionistas desistam de vender a empresa e decidam estruturar um plano de negócios para explorar o valor desse ativo.

E esses fundamentos muitas vezes fazem com que as projeções de expectativas de valor sejam distintas, mas é indiscutível a necessidade de quantificar o valor do ativo.

4. (Cliente): De que modo funciona o processo de brand valuation como garantia de dívidas, a securitização?

Recentemente, postei no LinkedIn um link sobre um vídeo bem interessante, feito em inglês pela CNN,[24] do que seriam o Chapter 11 e o Chapter 22 (11+11). Ele explica que o Chapter 11 é um processo de negociação de dívidas – ao qual, por sinal, a Latam aderiu.[25] Esse processo, por si só, é bastante comum e muito usado em mercados mais maduros, como o americano. No entanto, quando a perspectiva de negócios piora, a empresa entra com o segundo pedido de Chapter 11, tornando-se o que o artigo coloca como sendo Chapter 22 (11+11). Nesse caso, existe a possibilidade de a empresa ser liquidada, e um dos procedimentos é a venda de todos os ativos da empresa, inclusive de sua marca.

No Brasil, liderei alguns casos em que o valor da marca foi dado como garantia de dívidas, como o bem-sucedido caso da Casa & Video já exposto nos capítulos anteriores.

Caso isso ocorra, é necessário um parecer independente de valor da marca para dar suporte a essa operação.

5. (Cliente) Gastos em comunicação: investimento ou despesa?

Uma das maiores críticas dos CMOs é que, em época de orçamento, marketing e comunicação são as primeiras despesas a serem cortadas. Mas quem classifica marketing ou comunicação exclusivamente como despesa?

Primeiro, um esclarecimento. Por exemplo, quando uma empresa avalia se investirá em uma fábrica ou uma nova planta, esse é um investimento. E é amortizado em sua vida útil.

---

24 CNN Business. "All retail bankruptcies are not the same. Here's what you need to know". Disponível em: https://edition.cnn.com/videos/business/2020/06/01/retail-bankruptcies-explained-orig.cnn. Acesso em: 4 jan. 2020.

25 Motta, Gustavo B. In: *Estadão*. "O pedido de 'recuperação judicial' do grupo Latam pelo 'Bankruptcy, Chapter 11'". Disponível em: https://politica.estadao.com.br/blogs/fausto-macedo/243436-2/. Acesso em: 4 jun. 2020.

Na literatura financeira, é conhecido como gastos de capital e reconhecido na linha do que chamam de ativo imobilizado.

Já com relação a custos de produção de mão de obra, a empresa deverá pagá-los no ano, então aí seria, sim, uma despesa (alguns denominam OPEX - operating expenses). E entra no chamado demonstrativo de resultados ou DRE.

É lógico que, no caso do orçamento de marketing, há despesas! E de curto prazo, que apoiam vendas de curto prazo, como promoções. Mas, certamente, não é todo orçamento. Um patrocínio esportivo da RedBull, por exemplo, seria uma despesa ou um investimento na construção de uma marca?

Os modelos que medem ROI (return on investment, retorno do investimento) normalmente cobrem muito bem o impacto da comunicação nas vendas do que chamamos de curto prazo. Ou seja, encaram os gastos de comunicação como despesas, e estes, como tal, devem ser pagos no horizonte de curto prazo.

A grande crítica que se faz a esses modelos, porém, é que muitas vezes o gasto de comunicação, além de gerar as vendas, gera também um residual na mente dos consumidores. Esse residual contribui para a construção de uma imagem e, portanto, gera um intangível de longo prazo.

Tome por base o patrocínio de um evento, ou até mesmo um patrocínio como o Projeto Tamar da Petrobras ou o patrocínio de um evento como o que o Bradesco realizou por um tempo com o Cirque du Soleil ou com as Olimpíadas do Rio. São investimentos que geram valor não tanto pelas vendas adicionais mas, sim, pela garantia na melhoria da qualidade das vendas em uma ação nítida de longo prazo da marca. E não conheço métrica melhor que o valor da marca e da reputação para quantificar financeiramente esse retorno.

Vamos analisar um caso bem bacana de patrocínio, que é a marca Heineken com a Champions League:[26]

---

26 Sambrana, Carlos. "Campeões de marketing: estrelas mundiais, premiação bilionária e alcance global. A fórmula que transformou a Champions League em um ímã de empresas e de negócios que renderam € 2,35 bilhões nesta temporada". In: *Isto É Dinheiro*. Disponível em: https://www.istoedinheiro.com. br/campeoes-de-marketing/. Acesso em: 9 jun. 2017.

A marca Champions League virou referência no futebol. Em termos de marketing, superou a Copa do Mundo da Fifa. Para a Fifa gerou, segundo a matéria, mais de 2,35 bilhões de euros. Mas por que, por exemplo, uma Heineken busca esse patrocínio? Vendas? Com toda a certeza! Mas também para se vincular a um evento totalmente alinhado com seu posicionamento. E foi assim que, na final de Champions, a Heineken patrocinou descontos em uma loja de sapatos chamada Shoestock.[27] Ainda que polêmica, pois algumas mulheres a julgaram machista, a campanha gerou muitas vendas para a marca. Mas criou também uma imagem – tenha agradado ou não a todos – que, se consistente, pode trazer um valor considerável ao acionista.

Fazer um modelo de ROI de comunicação que mede somente o impacto em vendas é entender muito parcialmente o efeito deste processo; desse modo, deveríamos complementar com a análise do impacto no valor da marca.

6. (Cliente) Com que objetivos as empresas usam o valor da marca/reputação além de financeiros?

Em minha experiência, o maior uso do valor da marca é estabelecer uma ponte entre a visão financeira da empresa e a visão de marketing, como mostrarei no capítulo a seguir. Estes são os denominados brand scorecards.

Um ponto superimportante para acionistas e CEOs – e, como eu, há vários executivos com formação financeira de valuation – é que essa metodologia que parte de projeções financeiras atrai muita credibilidade do setor financeiro.

Mas todos os profissionais do setor financeiro que conheço também reconhecem um ponto importante: as percepções externas dos públicos estratégicos, que são uma parte muito importante do valor dos ativos intangíveis. Então, por que, em vez de encarar um tracking de imagem – ou de atributos –, não ter um tracking de valor de marca? Assim, coloca-se com bastante clareza para a organização inteira que a percepção

---

27 Portugal, Mirela. "Futebol ou sapatos? Ação da Heineken divide consumidores. In: *Exame*. Disponível em: https://exame.com/marketing/heineken-cria-liquidacao-de-sapatos-durante-final-da-uefa/. Acesso em: 23 mai. 2014.

externa nos públicos estratégicos gera valor ao acionista. Isso, sim, coloca a marca no board das empresas, e em minha carreira sempre foi um dos maiores objetivos de um projeto de valor de marca. Ouvir de maneira estruturada o que Jeff Bezos define como marca - "Sua marca é o que outras pessoas falam de você quando você não está na sala" -, mas desconstruir o valor dos ativos intangíveis com a premissa de que a geração de valor é muito influenciada pelos públicos externos.

Já trabalhei em inúmeros sistemas de métricas que monitoram anualmente o valor da marca, estabelecendo os brand scorecards, em analogia aos balanced scorecards de Kaplan & Norton. Ilustro isso no próximo capítulo.

Capítulo 4
Tracking de valor de marca

Resumo do capítulo

Neste capítulo ilustro a utilização da ferramenta de valor de marca para o monitoramento de programas de branding, com métricas quantitativas que podem apoiar esse processo.

Começo mostrando a matriz de liderança que utilizamos para melhor compreender a performance de nossas marcas, a qual recebeu de nossos clientes o apelido da matriz dos copos.

No fim, trazemos um exemplo tangível de como monitoramos o valor da marca por meio dos brand scorecards.

Com certeza, uma das maiores utilizações de valor de marca está no estabelecimento de um ponto de partida para monitorar o programa de branding.

E com uma métrica que é reconhecida no mercado como referência para processos de M&A (Mergers and Acquisition, fusões e aquisições), estabelecimento de taxas de royalty, secutirização de marcas e tantos outros usos financeiros da ferramenta.

Em um cliente do mercado financeiro, fomos contratados com o aval do CFO da empresa, cujo briefing iniciou pelo entendimento da dinâmica de geração e extração dos ativos intangíveis da empresa. Naquele momento, demandava-se uma ferramenta que demonstrasse a diferença entre o valor de mercado do banco – ou Enterprise Value – deduzido de seu valor de livros, valor patrimonial.

Após discussão com a equipe de finanças, planejamento estratégico e marketing, o banco entendeu que a ferramenta era muito interessante. Mais interessante, porém, foi o que um dos executivos nos falou. Ele disse que o importante talvez não fosse somente saber o quanto a marca valeria, mas, sim, entender quanto ela poderia valer e monitorar no tempo. Realizamos esse projeto com o banco por mais de 13 anos.

Aí, voltando para minhas aulas na graduação de indicadores de produtividade, desde 1990 a gente entendia um termo chamado de efetividade (effectiveness). Efetividade é a eficiência e eficácia no tempo.

Então, em vez de ficarmos monitorando indicadores exclusivamente associados a resultados de pesquisas, monitoramos o quanto o valor da marca aumentou ou caiu no tempo. Esses são os brand scorecards.

Matriz de liderança

Ao avaliarmos o que é uma marca líder, vemos que, conforme o gráfico a seguir, a princípio é uma marca conhecida das pessoas ou com níveis mínimos de primeira menção ou conhecimento estimulado.

É quase a ponta do iceberg, mas, ao contrário do que muitos pensam, aumentar o conhecimento não é única atribuição do marketing na empresa.

Em nosso diagnóstico de liderança do que marcas, temos de entender também que, se além de conhecida, a marca é considerada, é esta que o cliente mais usa, em que confia, prefere e recomenda. Ou seja, além de conhecida, a marca tem consumidores leais e isso as classifica em fortes ou fracas, o que, em nosso modelo de avaliação de marca ilustrados no capítulo anterior, gera um score de 0 a 100.

Tradicionalmente, esses são os funis de conversão de conhecimento em atributos de brand equity.

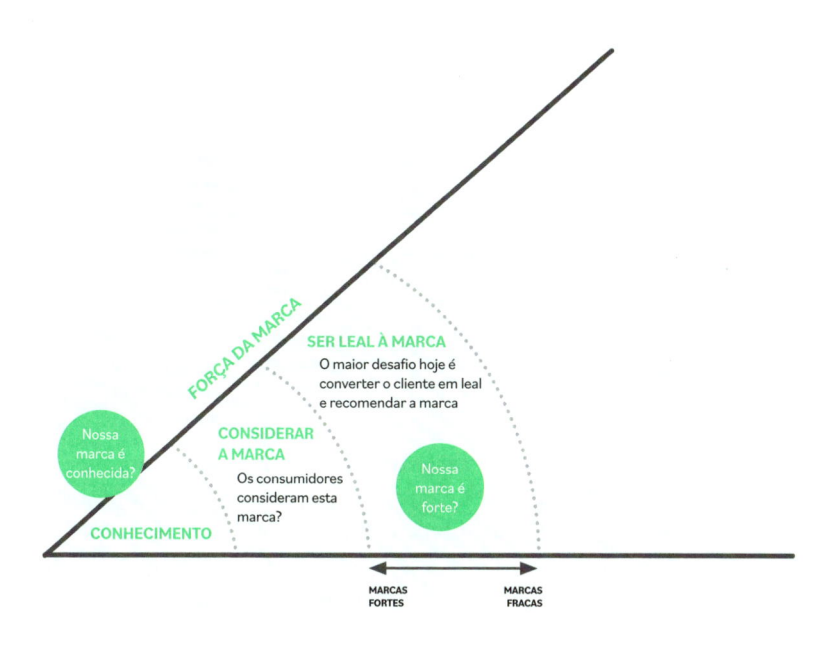

Uma vez mensurada a força da marca, uma marca líder também apresenta o que denominamos qualidade da força da marca, ou indicador de diferenciação da marca ou contribuição de marca.

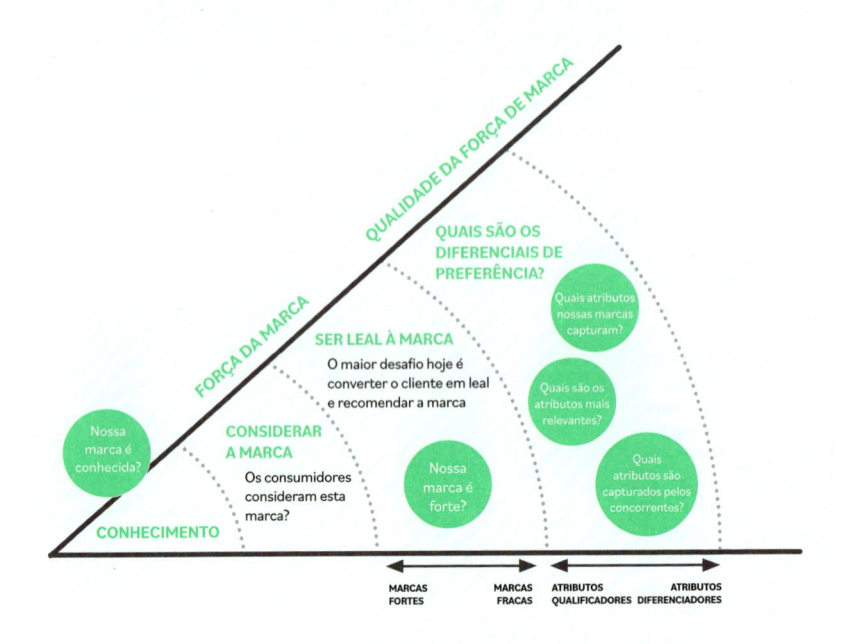

Essa segunda dimensão diz respeito aos atributos de uma marca, que, como ilustrado no capítulo anterior, aborda a importância dos atributos na categoria, seus diferenciais competitivos capturados e quanto a marca contribui para cada um dos atributos. Ao utilizarmos os princípios de avaliação financeira de marcas, por meio desse diagnóstico, entendemos se marcas são líderes ou não, como ilustra o ciclo a seguir.

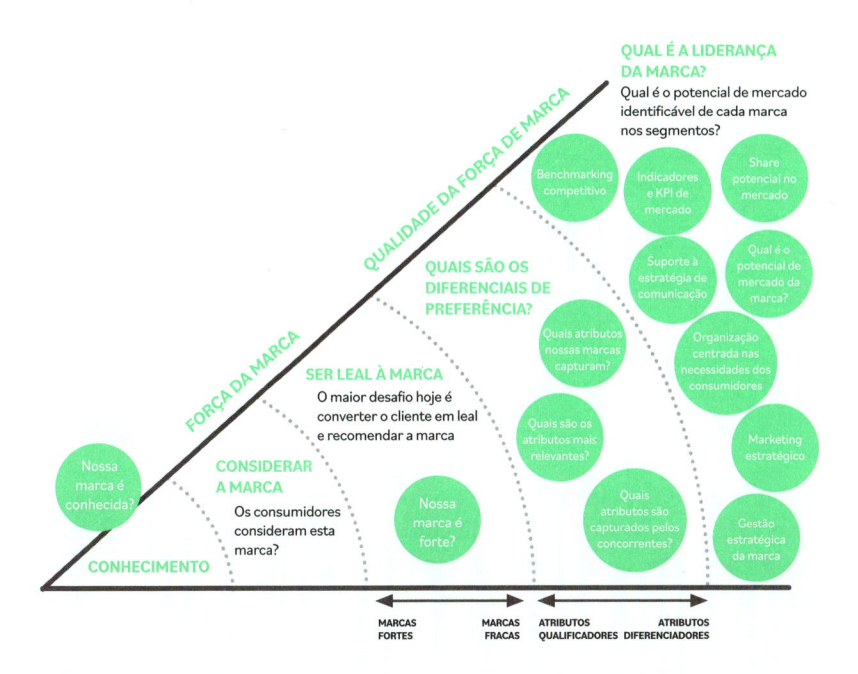

Analogia com o copo

O melhor modo que já vi de expllicarem essa complexa metodologia de valor de marca veio de um dos maiores executivos de marketing que já conheci, na época diretor de comunicação de um dos maiores grupos de comunicação do Brasil.

Ele, de maneira genial, entendeu nossa metodologia de contribuição e força de marca, e fez analogia com um copo.

Um copo é capaz de ser grande ou pequeno. Esse fato pode ser caracterizado como a força de uma marca. E pode estar cheio ou vazio. É possível caracterizar esse segundo fato como o que chamamos contribuição de marcas, ambos explicados anteriormente no capítulo anterior, quando descrevemos o cálculo de contribuição e força de marca.

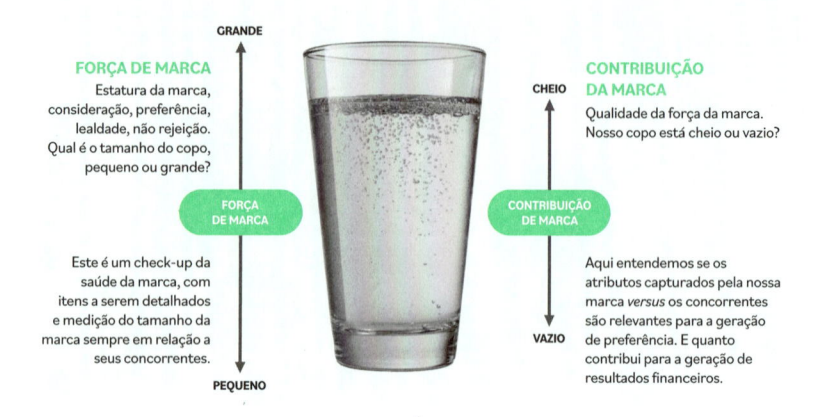

FORÇA DE MARCA
Estatura da marca, consideração, preferência, lealdade, não rejeição. Qual é o tamanho do copo, pequeno ou grande?

Este é um check-up da saúde da marca, com itens a serem detalhados e medição do tamanho da marca sempre em relação a seus concorrentes.

GRANDE

PEQUENO

FORÇA DE MARCA

CHEIO

VAZIO

CONTRIBUIÇÃO DE MARCA

CONTRIBUIÇÃO DA MARCA
Qualidade da força da marca. Nosso copo está cheio ou vazio?

Aqui entendemos se os atributos capturados pela nossa marca *versus* os concorrentes são relevantes para a geração de preferência. E quanto contribui para a geração de resultados financeiros.

A saúde de uma marca é medida pelo conhecimento; itens que qualificam esse conhecimento, desde consideração, são: já comprou/compra atualmente, confia, prefere, recomenda e não rejeita. O índice de força de marca leva em consideração todos esses resultados e é gerado em uma escala de 1 a 100 para possibilitar sua comparabilidade.

O score de contribuição da marca é a soma das notas que esta alcançou em cada atributo, ponderada pela importância de cada um desses atributos em gerar preferência pela marca e com esse valor parametrizado em um score de 0 a 100.

Para analisar o indicador de liderança, é usada a matriz de brand leverage; por essa matriz as marcas serão posicionadas conforme os equities identificados, pela seguinte classificação (exemplo ilustrativo):

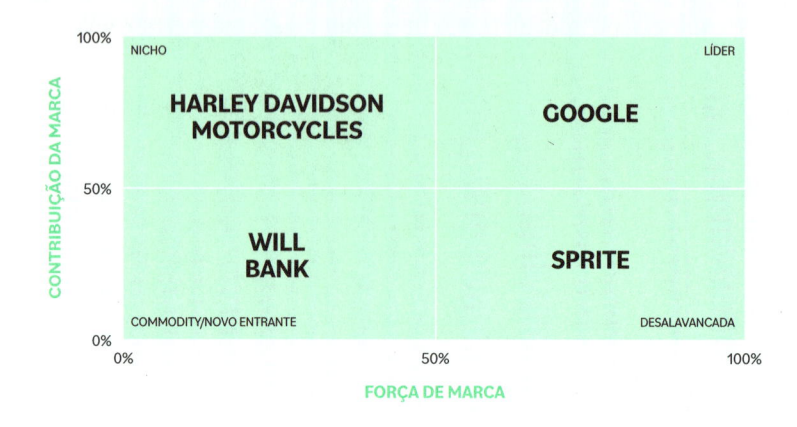

- commodity/novo entrante – baixas força e contribuição;
- desalavancada – alta força e baixa contribuição;
- nicho – alta contribuição e baixa força;
- líder – forças e contribuição elevadas.

Normalmente calculamos o valor da marca para cada segmento. E fazemos um gráfico cruzando as dimensões de contribuição e força de marca, como ilustrado aqui neste caso fictício:

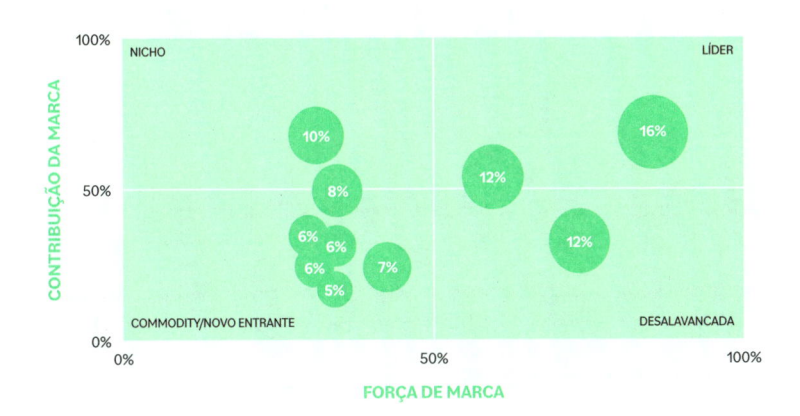

Para cada um dos segmentos temos algumas recomendações, como nesse caso hipotético que era de uma marca fruto de um processo de consolidação e compra de diversas marcas.

Para o quadrante de segmentos cujas marcas tinham baixa força e contribuição de marcas, a recomendação foi tentar "descomoditizar" a marca ou, então, fazer um spin-off e eventualmente até se desfazer ou consolidar as marcas fracas. Assim, já antecipando um pouco o Capítulo 6, mostramos como essa ferramenta pode ser poderosa inclusive para a descontinuidade de marcas.

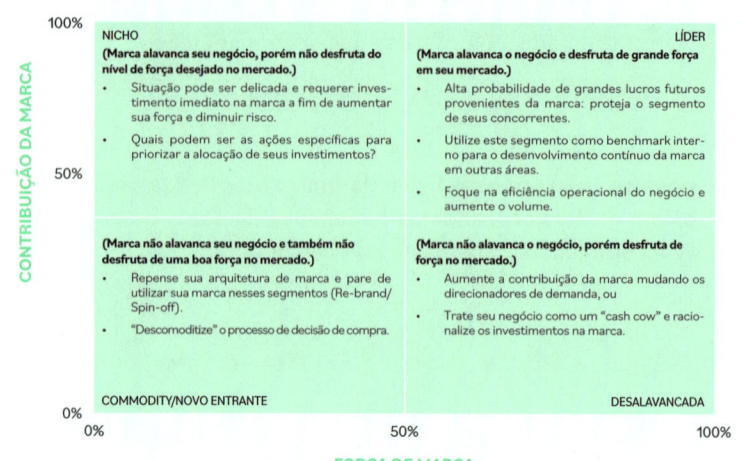

Em alguns quadrantes, recomenda-se tratar o segmento como *cash cow* (vaca leiteira) e reduzir o investimento em comunicação.

Como essas métricas são todas oriundas de pesquisas de mercado quantitativas, temos condições de usar essas métricas para decisões de:

- arquitetura de marcas;
- extensão de marcas;
- posicionamento de marcas.

Brand scorecards

Em minha opinião, as empresas concentram-se em monitorar os atributos de imagem ou itens isolados de força de marca, como o top of mind. Longe de equívoco, elas estabelecem métricas nas quais o que interessa é o conhecimento estimulado aumentar ou diminuir 10%, ou um aumento de preferência. Mas o que importa é se esse aumento ou diminuição pode gerar um substancial valor financeiro ao acionista.

E empresas começam a entender o processo de brand valuation, e entendem ser uma ferramenta extremamente útil para conectar marketing com finanças e valor do acionista.

Exemplo é um dos projetos em que trabalhamos, chamado de monitoramento do valor da marca.

Iniciamos sempre nossa apresentação com o gráfico a seguir.

No exemplo anterior a mensagem foi positiva, mas poderia ser extremamente negativa. Quantas vezes eu presenciei uma queda substancial no valor em alguns segmentos!

Esse foi um caso efetivo no qual a marca aumenta sua contribuição, pois captura o atributo inovação de um concorrente, aumenta em 26% esse indicador, e no fim do dia, junto ao aumento de força de 4% e aumento da geração futura de lucros em 4%, tem seu valor de marca incrementado em 34%, quantificado em R$ 30 milhões.

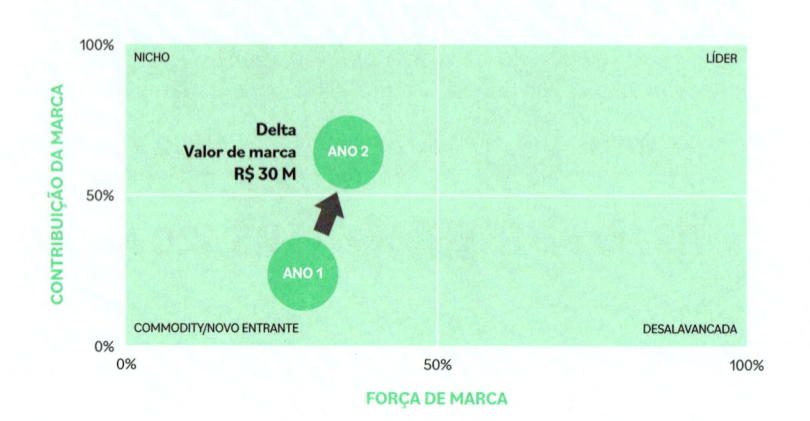

Medir a efetividade de uma marca então é possível, e conseguimos eliminar aquela visão um pouco antiga de que marketing é um centro de custos. De fato, é uma unidade de negócio, cujo KPI ou sistema de performance mais importante seria o quanto estaria construindo (ou destruindo) o valor do acionista.

É o que sempre dizemos: gets measured, gets done/O que pode ser medido, pode ser gerenciado.

Capítulo 5
Branding analítico para posicionar marcas

Resumo do capítulo

Aqui, trago uma abordagem de branding analítico que pode ajudar muito no processo de articulação do posicionamento de marcas.

Primeiramente faço um levantamento na literatura sobre o tema posicionamento de marcas.

Em seguida, caracterizo de modo conceitual o que Kapferer denomina identidade e imagem.

O processo no qual é possível gerar alternativas de posicionamento com branding analítico é derivado da identidade, diferenciação e relevância.

No fim, trago os critérios para avaliar os caminhos de posicionamento e algumas ferramentas que usamos na TM20 Branding para esse processo.

Fui buscar na literatura referências sobre o tema posicionamento de marcas e ferramentas para definir um posicionamento. Pode ser interessante para você conhecer um pouco do que existe no mercado sobre o tema.

E há várias referências...

> *O objetivo da estratégia é gerar uma vantagem competitiva susten-tável, que pode vir de qualquer parte da organização. O mercado é o juiz dessa vantagem. Estratégia de marca é o processo pelo qual a oferta é colocada na mente do consumidor para criar uma percepção de vantagem competitiva.*[1]

Essa definição de Arnold talvez seja simples, mas extremamente objetiva e ampla, pois o processo pelo qual a empresa oferece sua marca ao consumidor não se limita à propaganda ou comunicação. Tal processo abrange todos os pontos de contato com a marca – atendimento, canal, serviços, pós-vendas, internet, blogs, Twitter, formadores de opinião, sociedade, entre outros. Uma vez estruturado, esse processo pode gerar uma percepção um pouco semelhante à definição de branding: percepção de consumidores.

Formatos e terminologia para apresentarmos o posicionamento podem variar de indústria para indústria, mas alguns componentes são vistos como críticos:

- Uma breve descrição dos consumidores-alvo em termos de algumas características que os identificam, como demográficas ou psicográficas. Essas características são tipicamente selecionadas com base na categoria (indústria) e na utilização da marca.

- Uma declaração dos objetivos-alvo que serão oferecidos aos públicos da marca frequentemente sendo relatados como ferramenta de referência (*frame of reference*). Essa ferramenta pode ser um guia para a escolha de alvos, pois possibilita identificar onde, quando e como a marca é utilizada.

- Uma definição clara de por que a marca é superior a seus concorrentes na ferramenta de referência (*point of difference*).

---

1 Arnold, David. *The handbook of brand management*. Londres: Editora Ashridge, 1992.

- A definição clara das razões de acreditar (*reasons of believe*). Esse elemento final é mais importante quando o posicionamento é relativamente abstrato.

Segundo a definição de Tybout & Calkins,[2] o posicionamento deve explicitar uma breve descrição dos consumidores e objetivos-alvo, assim como identificar os diferenciais competitivos da empresa. O trabalho dos autores traz, inclusive, uma explicação interessante sobre as razões pelas quais as pessoas acreditam que determinado posicionamento seja factível e que, de fato, será entregue pela marca em todos os pontos de contato.

Ainda de acordo com o texto citado, esse posicionamento deve também ser referência para a utilização da marca. Em alguns casos, deve apoiar inclusive o patrocínio a um evento, o nível de endosso da marca em produtos... enfim, todas as aplicações e os usos da marca.

> *Posicionamento de marca é uma parte da identidade da marca e proposta de valor que será ativamente comunicada para a audiência-alvo e que demonstra as vantagens sobre os competidores. O posicionamento da marca deve identificar quatro elementos:*
>
> *a) Quais elementos da identidade da marca e da proposta de valor deveriam ser parte do posicionamento e parte do programa de comunicação ativa?*
>
> *b) Quem seria a audiência-alvo primária? E a secundária?*
>
> *c) Quais são os objetivos da comunicação? A imagem atual precisa ser ajustada? Existem gaps em relação ao posicionamento?*
>
> *d) Quais serão os pontos de diferenciação da marca?*
>
> **Tybout & Calkins**

Segundo Aaker,[3] o posicionamento da marca deve basear-se na identidade da marca. Sua proposta tem de ser diferenciada, única, e ser comunicada para a audiência-alvo, deixando muito claro quais são suas vantagens em relação aos principais concorrentes.

---

2 Tybout, Alice M.; Calkins, Tim. *Kellogg on branding: the marketing faculty of the Kellogg School of Management*. Nova Jersey: Wiley & Sons, 2005.
3 Aaker, David. *Managing brand equity: capitalizing on the value of a brand name*. Nova York: The Free Press, 2009.

Em alguns casos, o próprio autor coloca que o posicionamento da marca pode ser exatamente a identidade da marca. Na maioria dos casos, porém, existe a necessidade de o posicionamento enfatizar parte da identidade. Os pontos importantes são o foco e a consistência. O autor enfatiza que o posicionamento da marca é passível de alterações. Contudo, sua identidade jamais pode ser alterada.

> *Posicionar uma marca significa enfatizar as características distintas que tornam uma marca diferente de outras aos públicos. Esse posicionamento é obtido por um processo analítico que responde às seguintes questões:*
>
> *a) Uma marca para qual benefício? Isso se refere à promessa da marca e aos benefícios que ela entrega a seus consumidores.*
>
> *b) Uma marca para quem? Isso se refere ao alvo.*
>
> *c) Razão? Isso se refere aos elementos – factuais ou subjetivos – que suportam o benefício entregue.*
>
> *d) A marca contra quem? No contexto competitivo de hoje, isso se refere ao principal concorrente.*
>
> **Jean-Noël Kapferer**

Essa definição de Kapferer[4] complementa muito bem as outras definições e coloca foco para os diferenciais e a entrega, como busca explicitar a audiência-alvo e o contexto competitivo.

Ao avaliar as ferramentas de posicionamento, nota-se que elas convergem para um documento que contenha:

- Audiência: a quem a marca se destina?
- Negócio: qual é o negócio da marca e qual é o seu papel no sucesso da empresa?
- Entrega: qual é o benefício que a marca é capaz de entregar?
- Diferencial: qual é o principal diferencial da marca?
- Principais gaps do posicionamento.

---

4   Kapferer, Jean-Noël. *The new strategic brand management: creating and sustaining brand equity long term*. Londres: Kogan Page, 1997.

A definição de audiência é um ponto extremamente importante, pois muitos tendem a limitá-la por características geográficas ou psicográficas. No entanto, além do consumidor final, a marca dispõe de vários públicos estratégicos (formadores de opinião, fornecedores, capital humano, clientes, sociedade etc.), e em muitos casos, a despeito de ser consistente com seu posicionamento, a marca tem um tom de voz distinto para cada um deles.

O negócio também pode ser confundido com algo simples, mas com certeza não é. Certa vez, em 2005, entrevistei um dos primeiros executivos da Oi.

Ele me disse que o negócio dele não era telecomunicação, mas, sim, comunicação. Simplesmente tirar o tele como prefixo fez uma grande diferença, uma vez que os concorrentes da Oi em telecomunicação eram, entre outros, Claro e Vivo. Em comunicação, os concorrentes eram Globo, Google e Microsoft. Se o diferencial é em relação aos concorrentes, qual era o concorrente? Em que mercado a marca estava inserida?

Em outra ocasião, quando estávamos avaliando a marca *Veja*, quem seria o concorrente dessa importante marca? Seria *Isto É*, *Época*? Ou seria *O Estado de S.Paulo*, quem sabe até mesmo o *Jornal Nacional*?

Hoje, com o contexto de convergência, quem é concorrente de quem? E com a ruptura das categorias tradicionais, esse tema merece muita atenção nos posicionamentos de marca.

O que, realmente, a marca consegue entregar envolve uma análise dos pontos fortes e fracos da empresa sob a perspectiva interna, ou seja, os diferenciais competitivos internos da empresa. Logo: quais são, de fato, atributos ou pontos fortes que podemos entregar com certeza aos nossos públicos?

O que a faz ser percebida como diferente é a análise dos diferenciais competitivos percebidos no público externo, isto é, o valor extraído.

Por fim, nossa recomendação de posicionamento é sempre acompanhada dos gaps de posicionamento, seja entre os externos atuais e desejados, seja entre os internos e externos. Esse item fornece uma ferramenta para implementar os brand scorecards, que são sistemas de métricas para o monitoramento da efetividade do posicionamento.

A posição competitiva, relevante e diferenciadora que a marca ocupa em seu mercado:

- não é apenas um slogan ou uma forma inteligente de combinar palavras;
- uma sensação de "lugar" ou localização em um mercado (onde estamos);
- o tipo de marca que somos (e não somos);
- um conceito relativo (*versus* outras marcas).

Como articular o posicionamento da marca?

Em *Beleza oculta*,[5] Will Smith interpreta um bem-sucedido publicitário que construiu uma agência na Madison Avenue, em Nova York. De maneira muito brilhante, no início do filme e em sessão com os colaboradores da agência, ele pergunta: "Por que vocês saíram da cama hoje de manhã e vieram aqui trabalhar? Além do fato de eu demitir vocês se não viessem... Qual é o grande porquê? Sem dúvida, não estamos aqui para vender porcarias... Estamos aqui para nos conectar. A vida tem a ver com pessoas. A publicidade tem a ver com esclarecer como nossos produtos e serviços vão melhorar a vida das pessoas."

Em nossa visão, também temos de entender nossa percepção externa, ou o que Kapferer denomina como sendo nossa imagem. E já vimos bastante esse tema nos Capítulos 3 e 4, no modelo quantitativo de avaliação de marca e tracking de valor de marca.

Com base em uma pesquisa de mercado e dianóstico interno, entenderemos nossos diferenciais e as necessidades dos públicos, definindo possíveis oportunidades ou caminhos de posicionamento.

Nosso processo envolve quatro etapas:

1. Revelando a identidade da marca e sua imagem
2. Entendendo as necessidades dos públicos
3. Mapeando os diferenciais competitivos

---

5 Direção de David Frankel. Produção de PalmStar Media, Likely Story, Overbook Entertainment e Village Roadshow. Estados Unidos: Warner Bros, 2017.

4. Definindo e avaliando as oportunidades ou os caminhos de posicionamento

Detalharemos cada um desses itens neste capítulo.

1. Revelando a identidade da marca e sua imagem

I have lost my reputation. I have lost the immortal part of myself, and what remains is bestial.[6]
Othello, William Shakespeare

Para iniciar o processo, revele a identidade da marca. No item identidade da marca, demonstro uma ferramenta: o prisma de identidade de Kapferer.

Jim Collins, autor de duas obras que são grandes referências no mundo dos negócios – *Empresas feitas para vencer: por que algumas empresas alcançam a excelência... e outras não*[7] e *Feitas para durar: práticas bem-sucedidas de empresas visionárias*[8] –, citou em entrevista recente à revista *Exame* que as empresas podem ter cinco estágios de declínio. Esse detalhamento está em seu livro *Quando os gigantes caem: e por que algumas empresas jamais desistem*.[9] Os três primeiros, em geral, explicam que a empresa pode parecer saudável, mas, na verdade, está em uma crise iminente. No quarto grupo estão empresas como IBM e Apple, que, em determinados estágios de seu ciclo, passaram por crises muito grandes, mas tiveram em suas estratégias de recuperação a volta à essência ou identidade da marca. As que não sobreviveram são do quinto grupo, como a Arthur Andersen.

---

6 Royal Shakespeare Company. "Famous quotes". Disponível em: https://www.rsc.org.uk/othello/about-the-play/famous-quotes#:~:text=Let%20heaven%20and%20men%20and-d,%2C%20yet%20I'll%20speak.&text=I%20kissed%20thee%20ere%20I,to%20die%20upon%20a%20kiss. Acesso em: abr. 2024.

7 Collins, Jim. *Empresas feitas para vencer: por que algumas empresas alcançam a excelência... e outras não*. Rio de Janeiro: Alta Books, 2018.

8 Collins, Jim. *Feitas para durar: práticas bem-sucedidas de empresas visionárias*. Rio de Janeiro: Alta Books, 2020.

9 Collins, Jim. *Quando os gigantes caem: e por que algumas empresas jamais desistem*. Rio de Janeiro: Alta Books, 2018.

Quando pediam indicação para a compra de equipamento a um profissional de TI das empresas, muitos recomendavam a IBM, pois, caso houvesse algum problema, ele jamais seria responsabilizado, uma vez que havia contratado a melhor marca – a "Big Blue".

Quando Lou Gestner assumiu a IBM no início da década de 1990, ele dizia que o ativo mais valioso da empresa era composto de três letras: I B M. Isso se deu mesmo quando a empresa expandiu suas atividades para o ramo de serviços – e também superando o fato de a abreviação de seu nome significar "Indústria de Business Machine". Tal fato, teoricamente, indicaria que a empresa não deveria estender sua atuação a outros segmentos (alguns especialistas de marketing da época criticavam a utilização da marca IBM justamente com essa prerrogativa).

A empresa, então, unifica seus esforços para reconstruir uma marca forte, com posicionamento arrojado e de retorno à sua essência. Para tanto, foi fundamental a IBM concentrar suas atividades – a empresa utilizava seu nome com bastante distinção em quase quarenta unidades de negócios, em alguns casos de forma não harmônica e contraditória.

A empresa se desfez de sua operação de microcomputadores e de marcas como ThinkPad, as quais foram vendidas para a Lenovo, bem como adquiriu em 2002 a divisão de consultoria da PWC por US$ 3,5 bilhões.[10]

De empresa quase quebrada, a IBM está agora entre as marcas mais valiosas do mundo, com valor de US$ 86 bilhões – segundo a pesquisa publicada pelo BrandZ em 2019.[11]

Já falamos do caso Apple no Capítulo 1, porém não de sua trajetória. Em 1997, quando Steve Jobs retornou à Apple, um dos fatores críticos da recuperação da empresa foi o resgate de sua cultura original. Nos trechos a seguir, extraídos de uma entrevista à *Business Week*, fica claro que um dos fatores mais importantes desse processo foi o engajamento dos colaboradores com o estilo de vida da Apple:

---

10 CNET. "IBM grabs consulting giant for $3.5 billion". Disponível em: https://www.cnet.com/tech/tech-industry/ibm-grabs-consulting-giant-for-3-5-billion/. Acesso em: 31 jul. 2002.

11 BrandZ. "BrandZ top 100 most valuable". Disponível em:https://www.kantar.com/en-cn/inspiration/brands/2019-brandz-top-100-most-valuable-global-brands. Acesso em: abr. 2024.

Business Week: Então o ponto mais importante é ter boas pessoas com a paixão pela excelência?

Steve Jobs: Quando eu voltei, a Apple havia se esquecido de quem era. Você se lembra da campanha "Think Different" [featuring great innovators from Einstein to Muhammad Ali to Gandhi]. Certamente era para os consumidores, mas foi muito mais para a Apple (empresa) mesmo. Nossos heróis podem revelar muito de quem somos, de nossa identidade. Aquela propaganda lembrava-nos quem são os nossos heróis e quem nós somos. Haviamos nos esquecido disso. As empresas geralmente esquecem quem elas são. Em alguns momentos eles se lembram novamente, e em alguns não.

A maior prova de que a marca muitas vezes pode ser maior inclusive que seu criador é a Apple.

Steve Jobs foi bastante contrariado quando quis estabelecer as Apple Store, pois no mercado nenhuma marca de varejo estaria preparada para oferecer a experiência Apple. E estava totalmente certo.

Na mesma matéria, o CEO Tim Cook menciona que o valor de mercado não seria a medida mais importante: "Os retornos financeiros são simplesmente o resultado da inovação da Apple, colocando nossos produtos e clientes em primeiro lugar e sempre permanecendo fiéis aos nossos valores." E, de maneira muito respeitosa, colocou que: "Steve Jobs fundou a Apple na crença de que o poder da criatividade humana pode resolver até mesmo os maiores desafios – e que as pessoas que são loucas o suficiente para pensar que podem mudar o mundo são as que o fazem", escreveu.

Em 30 de junho de 2023, a Apple vale US$ 3 trilhões, segundo o site InfoMoney.

Diferença entre identidade e imagem

Antes de adentrar os modelos teóricos utilizados em minhas aulas de branding, vale a pena entender como essa cultura é criada e como a marca se torna o reflexo de onde está inserida. Marcas são reflexo da cultura de um empreendedor ou de um grupo de empreendedores com determinados valores ou uma filosofia em comum. Essa filosofia cria uma cultura interna, uma cultura organizacional ou um jeito de ser e fazer da organização. É exatamente dessa vocação (na Apple: "Pense diferente"), proveniente da essência das próprias pessoas, que as empresas conseguem transmitir sua cultura para os públicos externos de maneira consistente em todos os pontos de contato da relação marca *versus* públicos estratégicos.

Em diversos casos, a marca é profundamente influenciada pela cultura estabelecida por seus empreendedores. No caso do Bradesco, Amador Aguiar. Vemos que esses executivos influenciaram muito o estilo de vida ou a cultura organizacional das empresas – e continuam a fazê-lo.

Essa cultura interna é a identidade da marca. A cultura estabelecida pelo público externo (consumidores, sociedade, clientes, investidores) é a imagem ou a percepção da marca.

Entre alguns problemas que empresas com esse perfil enfrentam, podemos destacar a fase de disseminação e expansão de tal cultura, logo após o sucesso consolidado em escalas menores.

Quando a empresa cresce, a cultura interna deve ser assimilada e compreendida por milhares de pessoas e, em alguns casos, até por um tipo de público que está fora do seu "controle", como distribuidores, órgãos independentes ou mesmo profissionais terceirizados. Assim, é fundamental uma ferramenta capaz de garantir que a cultura da empresa esteja verdadeiramente alinhada com sua identidade.

As maiores demandas que observamos hoje em nossa consultoria de gestão de marcas concentram-se em empresas com esse problema. A empresa cresce, ganha mercado e, então, confronta-se com as diversas alternativas estratégicas possíveis. Nesse momento, é imperativo que se estabeleça um processo de gestão capaz de garantir a manutenção de sua essência. Mais ainda, que tenha um sistema de métricas apto a garantir que as ações da empresa gerem valor ao acionista. Afinal, o que se mede pode ser gerenciado.

A construção de uma imagem externa não depende apenas de suas ações, mas também dos movimentos dos principais concorrentes e, principalmente, do alinhamento em todos os pontos de contato com o público.

"Vacinado" contra propagandas enganosas, o consumidor não acredita exclusivamente em uma mensagem que vê na televisão. A criação de uma percepção, portanto, deve ser consistente em todos os pontos de contato da marca, conforme já ilustramos no Capítulo 1.

Processo de construção...

Nome, identidade visual

Redes sociais

Produtos

Serviços

Criando promessas e expectativas

MARCA

Entregando a promessa da marca

Propaganda

Uso dos produtos

Redes sociais

Experiência de venda

...e valorização de marcas

Somente essa consistência pode criar percepções, pois, tal qual sempre falamos, como seres humanos somos condicionados a sempre valorizar as notícias ruins em detrimento das boas. Ou seja, como meu antigo líder Antoninho Marmo Trevisan dizia, você pode fazer um milhão de coisas boas para criar uma percepção propícia, porém basta um erro para que toda aquela percepção seja destruída.

E acho que é verdade. Então, não podemos jamais prometer algo ou comunicar algo que apresente risco de não ser entregue e, consequentemente, possa prejudicar a imagem da marca.

Prisma de identidade da marca

Entre inúmeras maneiras de revelar a identidade de uma marca, uma na qual mais vemos concordância com o conceito de branding exposto anteriormente é a do autor Jean-Noël Kapferer. Em 1997

Kapferer lança a quarta edição,[12] com casos globais, e para mim uma referência muito importante.

Em primeiro lugar, há duas grandes dimensões:

1. Públicos interno e externo
2. Atributos tangíveis e intangíveis

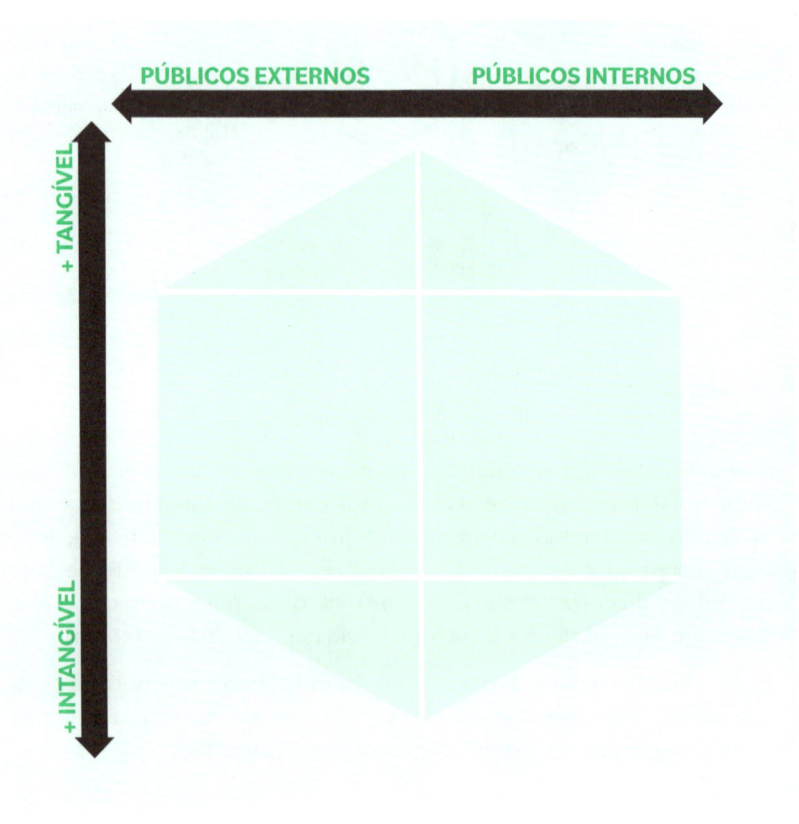

---

12 Kapferer, Jean-Noël. *The new strategic brand management: creating and sustaining brand equity long term*. 4. ed. Londres: Kogan Page, 2008.

Kapferer foi muito feliz ao utilizar o prisma ilustrado no gráfico a seguir. Todas essas dimensões devem ser descritas para cada marca, a fim de que se possa tornar clara sua identidade e as principais percepções externas.

PÚBLICOS EXTERNOS   **PÚBLICOS INTERNOS**

+ TANGÍVEL

FUNCIONAL
Conjunto de características objetivas que se sobressaem imediatamente à marca nos públicos externos.

PERSONALIDADE
Atributos tangíveis que personificam a cultura da marca. Em alguns casos, podem ser uma pessoa.

RELACIONAMENTO
Maneira como a marca se entrega ou se comunica com a cultura que representa.

CULTURA
Sistema de valores, história da marca, fonte de inspiração das marcas.

+ INTANGÍVEL

REFLEXO
Percepções que os públicos estratégicos têm quando suas imagens são associadas à marca.

AUTORRECONHECIMENTO
Atributos intangíveis que representam a cultura da marca, que são os grandes motivos de orgulho dos colaboradores.

Apenas para exemplificar: um grupo de alunos de MBA da Fundação Getulio Vargas explicou, em seu trabalho, o prisma de identidade da marca que apostava bastante em sustentabilidade:

	PÚBLICOS EXTERNOS	PÚBLICOS INTERNOS

+ TANGÍVEL

FUNCIONAL
- Produtos e serviços de um banco de varejo
- Acessível e disponível

PERSONALIDADE
- Consciente de seu papel na sociedade
- Bem informado
- Fernanda Montenegro

RELACIONAMENTO
- Parceiro dos stakehol-ders, me ajuda a crescer
- Transparência
- Honestidade

CULTURA
- Banco como agente de mudança da sociedade
- Ser um exemplo para sociedade

REFLEXO
- Humano e próximo
- Sustentável
- Primeiro banco da vida (universitário)
- Banco para toda a vida

AUTORECONHECIMENTO
- Respeito à sociedade e ao ambiente
- Engajamento

+ INTANGÍVEL

Prisma de identidade de Kapferer da marca Banco Real

Essa definição pode proporcionar com maior clareza o entendimento da identidade da marca e, principalmente, dos gaps entre identidade e imagem de uma marca. Com esse monitoramento, podemos assegurar que os conceitos estejam alinhados e que, portanto, a essência seja vivida em cada uma das dimensões do prisma.

E nesse caso do Banco Real, às vezes pergunto a meus alunos em que momento eles abriram a conta-corrente lá. Muitos disseram ter iniciado com a conta universitária. E o Real acreditou em sustentabilidade quando todos os outros bancos nem mencionavam o tema. Mais que isso! Quando se perguntava a correntistas de outros bancos em qual outro abririam uma conta-corrente se abandonassem o atual, o Real era o líder – esse indicador chama-se atratividade. E jamais negou o que era: um banco. Após o Real, vieram outros bancos com posicionamento de sustentabilidade, como o "Banco do

Planeta" do Bradesco e o "Muda o mundo" do Itaú. Isso mudou de fato a categoria, e sustentabilidade aparecia entre os atributos mais valorizados na escolha da instituição.

Algumas reflexões sobre identidade da marca

Iniciei este capítulo com um dos autores mais brilhantes que conheço: Jim Collins. De maneira muito simples, ele ilustra que todas as empresas passam pelas etapas ou pelos ciclos de vida e que sempre existe a denominada quarta fase. Nesta, as empresas sofrem uma queda – seja por arrogância, seja por perda de valores e identidade. E o autor mostra que o melhor caminho de algumas empresas está em voltar à identidade original.

Aí conceituo um pouco sobre a diferença entre identidade e imagem. Identidade é o emissor e imagem é a consequência desse processo. A imagem é construída por intermédio de diversos pontos de contato –comunicação é um dos pontos, mas atendimento, produto, canal, internet, redes sociais também são – e não podemos nos esquecer dos concorrentes, cujo posicionamento sempre pode atrapalhar na construção de uma imagem.

Bem, entramos em um modelo de revelar a identidade da marca, que é o prisma de identidade de Kapferer, ilustrado neste capítulo. Segundo Kapferer, tudo tem de partir de uma cultura organizacional, de seu sistema de valores, que direciona as ações em todos os pontos de contato. Essa cultura, internamente (o lado direito do prisma) e de modo bem tangível, pode ser expressa em sua personalidade e autoimagem. Externamente são as dimensões tradicionais de um tracking de imagem: atributos físicos, de relacionamento e de reflexo.

Portanto, com base nesse diagnóstico de identidade e imagem do prisma, temos elementos bem claros para determinar o território de uma marca – fronteira pela qual ela não se estende.

Um caso interessante que gosto de citar é de quando Steve Jobs dividiu com consultores sua intenção de fazer as Apple Stores. Naquele momento, recebeu muitas críticas de quem previa um conflito gigante com seus principais clientes. Ele acreditou, porém, que nenhuma cadeia de eletrônicos podia oferecer a experiência Apple e foi em frente. Esse é sem dúvida um dos motivos do sucesso da Apple.

2. Entendendo as necessidades dos públicos estratégicos

Quando plotamos em gráfico os atributos para cada uma das marcas, conseguimos determinar os atributos que já estão sendo capturados por algum concorrente, bem como os atributos que são relevantes e dos quais nenhum concorrente está se apropriando. É o caso de necessidades do público que são relevantes e das quais nenhum concorrente pode se apropriar.

E hoje, com a total ruptura de categorias, há uma necessidade muito forte de definição das necessidades não atendidas pelo público estratégico e todas as novas categorias aparecem com muita rapidez para o consumidor, que já está bem propenso às mudanças.

Lembro-me da marca de um grupo de cosméticos, na qual se verificava uma tendência muito forte das consumidoras, que vêm mudando bastante sua atitude em relação à vida profissional. Quantas executivas de marketing conheci, responsáveis por operações fora de São Paulo, que "entravam" em um avião segunda-feira de manhã e só voltavam no fim da tarde de sexta, "abandonando" em alguns casos seus filhos a semana inteira. Mas não parava por aí; ainda havia os fins de semana e feriados, que eram ocupados com seus trabalhos e atividades. Essa mulher foi caracterizada como "poderosa". É óbvio que parcela delas achava que o equilíbrio entre família e vida pessoal devia se alterar, e não aguentou essa vida.

Então, isso afetaria o segmento de marcas que tinham seu público-alvo focado em mulheres poderosas, em um segmento de mulheres de hábitos e necessidades completamente distintos.

Em minha carreira contratei inúmeras ex-executivas, todas brilhantes de fato, que buscavam equilíbrio de vida entre o lado profissional e pessoal. E, de verdade, esse é o perfil que sempre busco quando estruturo minhas empresas de consultoria. Eu realmente acho pouco sustentável o modelo de workaholic, e a pandemia nos ensinou – com os burnouts de alguns colegas – que não vale a pena.

Um dos profissionais que mais admiro pessoalmente e profissionalmente é Bruno Monte Jorge, atual vice-presidente de marketing da Swipe, com experiências anteriores em Ifood, Havaianas, Los Paleteros, O Boticário entre muitas outras empresas, sempre como executivo de marketing. Pedi sua colaboração e perguntei sua opinião sobre as prioridades de uma empresa que quer se orientar ao cliente, entender as suas necessidades e construir uma marca valiosa em um mundo cada vez mais digitalizado e no qual a inteligência artificial aparece como agente transformador na vida das pessoas em geral.

> Orientação ao cliente talvez seja, dos clichês corporativos, o mais falado e menos praticado. Creio nisso por ter visto de forma muito comum a falta de ao menos um dos três pontos a seguir.
>
> 1. Compreender que ser orientado ao cliente não é ter um time de marketing que faz boa comunicação. É preciso reconhecer que toda decisão corporativa precisa focar na opção que mais agrega valor ao seu cliente, não importando se uma decisão de um processo de marketing, finanças, logística ou jurídico.
>
> 2. Ouvir de fato o cliente, separando o qualitativo do quantitativo. Uma das grandes armadilhas é achar que a opinião do amigo de um executivo resume a opinião do cliente. Escuta ativa e constante é fundamental. Entender que opiniões são importantes para algumas decisões, mas números ajudam muito na hora de prever comportamentos de escala também.
>
> 3. Conhecer seu cliente. De nada adianta a empresa compreender a amplitude do que significa ser orientada ao cliente, de nada adianta fazer pesquisas se de fato não há clareza em quem é esse cliente. Saber segmentar, conhecer suas principais vontades, anseios e dores, mesmo as que estão desconectadas da entrega central do seu produto, é fundamental para construir uma solução e uma narrativa que seja relevante e desperte o interesse de conhecimento, compra e recompra.
>
> **Bruno MonteJorge, vice-presidente de marketing da Swipe**

No Brasil, as pessoas estavam muito pouco satisfeitas com serviços de imobiliárias, principalmente com as que administram imóveis. Em sua reportagem na revista *Isto É Dinheiro*,[13] o cofundador e CEO da Quinto Andar dá seu depoimento:

> A gente se propôs a resolver o problema de quem busca um lugar para morar, mas de um jeito que beneficiasse todo mundo, não apenas um lado ou outro. É muito legal ver isso acontecendo e que estamos realmente causando um impacto tão positivo no mercado. É o tipo de coisa que nos dá ainda mais fôlego para continuar desenvolvendo as melhores soluções para quem busca uma casa e para quem tem um imóvel para alugar ou vender.
>
> **Gabriel Braga, cofundador e CEO da Quinto Andar**

E no caso que envolve a publicação de um livro, que levava de um a dois anos, hoje com o Kindle Direct Publishing é um processo que leva entre 24 e 48 horas:

Publique você mesmo eBooks e livros com capa comum sem pagar nada com o Kindle Direct Publishing e alcance milhões de leitores na Amazon. Publique seu livro com mais rapidez. A publicação leva menos de 5 minutos e seu livro aparece nas lojas Kindle no mundo inteiro dentro de 24 a 48 horas.

Ganhe mais dinheiro. Ganhe 70% de royalties sobre as vendas para clientes dos EUA, Canadá, Reino Unido, Alemanha, Índia, França, Itália, Espanha, Japão, Brasil, México, Austrália e mais. Cadastre-se no KDP Select e ganhe mais dinheiro através da KOLL, a Biblioteca de Empréstimo dos Proprietários Kindle.

Mantenha o controle. Mantenha o controle sobre seus direitos e defina seus próprios preços. Faça alterações em seus livros a qualquer momento.

---

13 "Quinto Andar sobe aos bilhões". In: *Isto É Dinheiro*. Disponível em: https://www.istoedinheiro.com. br/quinto-andar-sobe-aos-bilhoes/. Acesso em: 31 jan. 2020.

Publique livros digitais e impressos. Publique eBooks Kindle e livros com capa comum sem pagar nada no KDP.

Site da Kindle Publishing[14]

Aqui talvez a faceta mais desafiadora que vemos das atuais grandes corporações, e que tem a ver com a perenidade da empresa, seja reinventar o próprio negócio. Fácil? Não. Mas há empresas gigantes, como Amazon, IBM e Apple, que entenderam e tiveram a humildade de buscar soluções para as reais necessidades das categorias e, como no caso da Amazon, ter ambição: "Ser a empresa mais centrada no cliente que existe no mundo."

Isso no branding deve ser muito forte: entender os pontos de fricção de seus consumidores e públicos estratégicos, e agir de maneira muito ruptiva e inovadora. E como é difícil mudar!

3. Mapeando os diferenciais competitivos

Um dos pontos mais importantes e conceituais dessa definição de branding é que a marca tem de ser, necessariamente, construída de dentro para fora; a análise dos diferenciais competitivos internos existentes é muito relevante para o posicionamento de marca.

É entender, de forma muito clara e analítica, do que de fato a organização é capaz e o que tem competência de entregar. Ao aplicar o prisma de Kapferer, creio que conseguimos abordar esse ponto.

Se outrora canais, sistema de produção, base de clientes e inúmeros outros ativos tangíveis eram verdadeiras barreiras de entrada, hoje realmente este novo mundo faz com que repensemos.

Com Amazon, Alibaba e até mesmo Magalu e Americanas.com, todos eles viraram marketplaces, ou seja, os consumidores têm a opção de comprar tudo nesses canais e os fabricantes também têm acesso a

---

14 Amazon. "Publique você mesmo eBooks e livros com capa comum sem pagar nada com o Kindle Direct Publishing e alcance milhões de leitores na Amazon". Disponível em: https://kdp.amazon.com/pt_BR/. Acesso em: 23 jun. 2024.

esses consumidores. Um fenômeno muito interessante no segmento de cosméticos nos Estados Unidos são as indie brands. Segundo o portal Cosmetic Innovation:[15] "Muitas vezes chamadas de 'disruptores da beleza', as indie brands continuam a ultrapassar as regras de inovação e design de produtos, marketing digital e a capacidade de surpreender os consumidores que estão cada vez mais exigentes."

O fenômeno em questão somente foi possível porque, hoje, pequenos produtores conseguem ter acesso a consumidores e, por que não dizer, aos veículos de comunicação. Se, no passado, era preciso fazer anúncio na televisão para ter alcance nacional, com as plataformas digitais e redes sociais, sem dúvida, não há mais essa barreira de entrada.

É inquestionável também o global sourcing, no qual podemos importar produtos de qualquer parte do mundo com relativa tranquilidade.

Então, se antigamente era necessário fazer um P&L com gastos de capital etc., hoje a pergunta mais importante é: "Quem será meu parceiro de negócio?"

Agora, ao mapear os diferenciais competitivos pelos quais queremos posicionar uma marca, precisamos entender o quão crítica é a percepção dos atributos e compreender de maneira quantitativa os atributos mais relevantes para os públicos estratégicos, bem como os capturados pela marca e por suas concorrentes.

Por exemplo, pensemos nos atributos a serem desenvolvidos para a marca Brasil no exterior. O atributo riquezas em recursos naturais é extremamente relevante para realizar negócios e já é capturado pelo Brasil. Já a percepção de pouca formalidade expressa muito a identidade da marca, porém para o segmento de negócios pode ser uma percepção perigosa, talvez até antagônica em relação a compromisso de negócios. Portanto, essa dimensão deve ser trabalhada ou transformada.

---

15 Cosmetic Innovation. "As indie brands são destaques no mercado global da beleza". Disponível em:https://cosmeticinnovation.com.br/as-indie-brands-sao-destaques-no-mercado-global-da-beleza/. Acesso em: 27 jun. 2017.

4. Definindo e avaliando as oportunidades ou os caminhos de posicionamento

Como vimos, as etapas 1-3 são um profundo diagnóstico daquilo em que acreditamos, como somos percebidos, quais são as necessidades não atendidas e nossos diferenciais.

Antes de partirmos para as oportunidades, temos algumas análises cruzadas que nos ajudam muito a estabelecer oportunidades de posicionamento.

Uma matriz que pode ser bem importante na definição de oportunidades de posicionamento é a que cruza os diferenciais percebidos pela marca e a importância para necessidades (atendidas e não atendidas) da categoria. O quadro a seguir exibe, para uma determinada marca, quais são os atributos de imagem da marca, sua importância no mercado e quanto cada marca se apropria do atributo.

ASSOCIAÇÃO DA MARCA COM ATRIBUTOS					
Atributos de imagem	Importância na categoria	Marca 1	Marca 2	Marca 3	Marca 4
Atributo 1	0%	43%	20%	10%	50%
Atributo 2	50%	35%	45%	25%	10%
Atributo 3	10%	10%	20%	12%	20%
Atributo 4	25%	5%	5%	20%	10%
Atributo 5	0%	5%	5%	6%	0%
Atributo 6	15%	2%	5%	27%	10%
Total	**100%**	**100%**	**100%**	**100%**	**100%**

Com base na análise de importância do atributo na categoria e diferenciais capturados, classificamos os atributos em quatro grupos:

1. Potencializar – atributos capturados pela marca , que são necessidades relevantes aos públicos externos. Aqui seriam realmente oportunidades claras de posicionamento, uma vez que a marca já apresenta credenciais para ocupar esse espaço.

2. Desenvolver – oportunidades claras, muito demandadas pelo público. Todavia, a marca ainda precisa desenvolver sua imagem para capturar esse atributo; caso contrário, se for uma necessidade muito nova, nenhuma marca se apropriará desse posicionamento. Quando a IBM entrou em serviços, provavelmente teve de desenvolver alguns atributos para a categoria e, como mencionamos, adquiriu a divisão de consultoria da PWC.

3. Analisar – aqui seriam oportunidades que a marca tem de capturar o atributo, mas este não se mostra muito relevante para a categoria. Por exemplo, mencionei neste capítulo o caso do Banco Real, que, quando começou, teve de fazer com que o atributo sustentabilidade se tornasse relevante para a categoria.

4. Descartar – essa oportunidade se mostrou uma alternativa ruim de posicionamento, pois não atende às necessidades do consumidor e a marca não tem fit com a categoria.

Uma vez desenvolvidos os caminhos, teremos de avaliar cada um sob as variáveis:

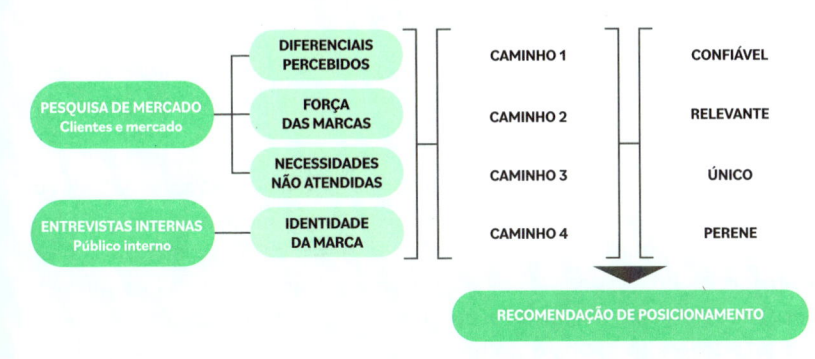

DIAGNÓSTICO DE MARCA

- O posicionamento é confiável, conseguirei entregar essa promessa?

- O posicionamento é relevante para a categoria?

- O posicionamento é único? Somente minha marca seria capaz de se apropriar desse caminho?

- O posicionamento é perene? No longo prazo, esse caminho é duradouro e garantirá a perpetuidade da marca?

Reflexões de posicionamento de marcas

O tema posicionamento de marcas por si só merece um livro específico. Tentei, neste capítulo, resumir os principais pontos de um posicionamento de marcas, que é diferente de um posicionamento de comunicação ou slogan de campanha. Ele deve refletir e capturar parte da identidade da marca para, em longo prazo, criar alguns atributos associados à marca. Os quatro quesitos aos quais um posicionamento deve obedecer são: confiabilidade, relevância, originalidade e perenidade.

É o conhecido exemplo que vemos no segmento de carros de luxo, no qual, por exemplo, a marca Volvo captura o atributo segurança; BMW, performance e design; e Mercedez, tradição e status. Mas, em geral, todos os carros são de extrema qualidade, então como dizer que os carros Mercedez não têm segurança ou que a BMW não traz status ou que o design da Volvo não é bom? Todos atendem de maneira minimamente satisfatória aos atributos que eventualmente não estão em seu posicionamento principal. É o conceito dos itens qualificadores e diferenciais competitivos.

Em minhas aulas, peço para o pessoal tentar desenhar o seu relógio sem olhar para ele. Convido o leitor a fazer um desenho do seu relógio sem olhar para ele.

Agora, olhe para o relógio e veja as diferenças existentes entre o seu relógio e o que você acaba de desenhar. Obviamente, alguns elementos – os mais relevantes – são lembrados, mas é normal haver diferenças no desenho. Ou seja, como existem muitas coisas para as pessoas pensarem e lembrarem, não imaginem que todos vão prestar atenção a todos os detalhes em um anúncio ou em uma embalagem, por exemplo.

Um modelo de posicionamento é o filme no qual o iPod é desenhado no estilo Microsoft: com muito mais detalhes. Caso haja interesse, é possível acessá-lo no YouTube, sob o título: "if Microsoft designed the iPod Packaging..."[16]

Portanto, quando pensar em qualquer tipo de estratégia, não é possível abdicar de algo para potencializar o que gostaríamos de capitalizar em nossa marca. Esse é um grande desafio ao articular o posicionamento das marcas.

---

16 YouTube. "If Microsoft designed the iPod Packaging..." Disponível em: http://www.youtube.com/watch?v=YvX3laQlg14.

Capítulo 6
Arquitetura de marcas

Resumo do capítulo

Neste capítulo, sugiro uma reflexão sobre arquitetura de marcas e dou alguns exemplos do mercado sobre como as empresas enfrentam o desafio de buscar eficiência e foco em suas marcas, sem perder flexibilidade em seu portfólio.

Algumas empresas seguiram um caminho de marca monolítica, como AT&T, Unidas e Wavin. Contudo, há inúmeras marcas que adotaram uma arquitetura de marcas independentes, como AmBev, BRF e JBS.

Em minha visão, é um tema que deve ser tratado com valor da marca e despesas/investimentos associados, bem como capacidade de extensão das marcas.

Descrevo esse modelo, assim como trago essa reflexão que é o tema de marcas em processos de pós-fusão e aquisição, com dois papers que gosto muito de usar em aulas.

Com os processos de consolidação de empresas, houve um crescimento bem substancial de M&A. Segundo um relatório da PWC,[1] no ano de 2022 houve 1.556 operações no Brasil, sendo 81,4% destas de capital nacional.

Entre elas, por exemplo, o mesmo relatório cita as seguintes operações:

- Rede D'or adquire SulAmérica;

- BV adquire Méliuz;

- Gafisa vende a participação no Fasano Itaim (hotel e restaurante);

- Localiza vende a marca Unidas para a Ouro Verde;

- HDI adquire as operações de varejo da Sompo;

- CSN adquire as marcas da Lafarge Holcim no Brasil.

Em todas elas há um tema muito importante, a marca nos processos de pós-aquisições, que é determinado por sua arquitetura de marcas.

Mas qual seria a abordagem para uma decisão dessa natureza, de como definir a estratégia de marcas após uma fusão?

A essa decisão, as consultorias e os especialistas em branding chamam arquitetura de marcas. Em geral, as empresas apresentam algumas marcas em seu portfólio. A arquitetura de marcas é a forma de organizá-las em uma estrutura hierárquica, com a definição de posicionamentos que busquem sempre aumentar o valor das marcas da empresa.

Sempre recomendamos que haja um entendimento quantitativo do valor das marcas em questão. Participei de dois projetos de marcas globais em processo de branding, que decidiram manter as marcas locais em razão de estas serem muito fortes no mercado. Um dos casos foi Serasa, outro foi uma empresa líder no segmento de cartões de benefícios que fez um rebranding global. Em ambos os casos, uma pesquisa quantitativa com quantificação do valor financeiro foi fundamental para apoiar a decisão de manutenção da marca.

O que sempre pregamos na TM20 Branding é que toda decisão carrega um risco. Ao descontinuar uma marca, sempre é bom dimen-

---

1   PwC Brasil. "Operações de M&A no Brasil: transações anunciadas em 2022". Disponível em: https://www.pwc.com.br/pt/estudos/servicos/assessoria-tributaria-societaria/fusoes-aquisicoes/2023/operacoes-de-mea-no-brasil-dezembro-2022.html. Acesso em: 21 jan. 2024.

sionar esse risco com uma pesquisa quantitativa que estime o potencial de destruição de valor.

Existem diversas maneiras de organizar a arquitetura de marcas. Uma delas é denominada pelos especialistas arquitetura monolítica. A marca Virgin, do bilionário britânico Richard Branson, é a típica marca monolítica. Em tudo o que ela faz usa a marca Virgin, desde a empresa aérea, os bancos, a telecom até a antiga megastore. Veja o conjunto de empresas da Virgin. A empresa chega ao extremo de ter uma unidade de negócios terceirizada de saúde apenas para prisões.(Comentário à parte, fiquei um pouco assustado quando li essa notícia.)

Arquitetura de marcas da SBC/AT&T

Um caso de decisão de arquitetura de marcas foi a SBC Communications, quando adquiriu a AT&T por US$ 16 bilhões. A expectativa naquele momento era construir uma entidade dominante em comunicação global para o século XXI – uma empresa capaz de fornecer tecnologias avançadas de rede e um conjunto completo de serviços integrados de comunicação nos Estados Unidos e no mundo. Apesar de alguns problemas que a marca teve, sua história é maravilhosa e envolve sua criação por meio de um acordo com nada mais nada menos que Alexander Graham Bell e mais dois sócios em 1875. A SBC, porém, decide adotar a marca AT&T no lugar de usar a marca anterior – que tinha um foco maior em clientes empresariais B2B.[2]

Por quê? Por valorizar a marca que havia comprado e por imaginar que o custo de fazer a migração para uma nova marca ou SBC fosse maior e mais prejudicial ao negócio do que simplesmente manter a marca AT&T – até hoje a décima marca mais valiosa do mundo, segundo o BrandZ 2019, com um valor de US$ 108,375 milhões.

---

2   NBC News. "SBC agrees to acquire AT&T for $ 16 billion: deal creates one the nation's largest telecom firms". Disponível em: http://www.nbcnews.com/id/6887107/ns/business-us_business/t/sbc-agrees-acquire-att-billion/#.XuapyGpKiHs. Acesso em: 31 jan. 2005.

Arquitetura de marcas da Unidas

Caso semelhante ocorreu aqui no Brasil no segmento de locação de veículos, com a aquisição da Unidas pela Locamerica.[3] Acompanhei bastante a Locamerica, desde a criação do logotipo até agora, inclusive dando suporte a esse importante processo de definição da marca desde que adquiriu a Ricci (marca no segmento de locação com sede em Maringá e forte presença, principalmente na região Sul do Brasil) – antes mesmo de adquirir a Unidas. Nesse caso, quem adquiriu foi a Locamerica, contudo a marca mais forte para os consumidores (B2C) era a Unidas.

O projeto de criação do logotipo da Locamerica foi um caso de extremo sucesso de Luis Fernando Porto, que teve visão superempreendedora. Aí, no fim de 2018, a Locamerica adquire a Ricci e posteriormente a Unidas, consolidando a marca forte Unidas.

Entrevistei meu amigo e atual CMO da Unidas, Antonio Guerardi, que esteve à frente desse processo de definição da marca Unidas.[4] Ele, que acompanhou o trabalho que fizemos desde quando a Locamerica adquiriu a Unidas, fala um pouco sobre o contexto atual dessa marca valiosa:

> A marca Unidas é um ativo muito valioso, capaz de transmitir nossos valores e propósito, bem como ser um elo muito forte na geração de novos clientes, parceiros e contribuir no processo de atração de talentos para a companhia. A marca representa nosso DNA e nossa reputação gera valor para todo o ecossistema da Unidas: clientes, parceiros, colaboradores e acionistas. A Unidas é uma marca reconhecida por um atendimento de qualidade, ótimo relacionamento com clientes e um dos melhores lugares para se trabalhar, que oferece uma solução completa de mobilidade, desde assinatura e aluguel de carros até locação de caminhões e máquinas com ótimo custo-benefício.

---

3   Souza, Dayane. Estadão. "Locamerica compra Unidas e cria a 2ª maior locadora de veículos do País". Disponível em: https://economia.estadao.com.br/noticias/negocios,locamerica-compra-unidas-e-cria-a-2-maior-locadora-de-veiculos-do-pais,70002133239. Acesso em: 27 dez. 2017.

4   G1. "Locamerica passa a se chamar Unidas e entra em assinatura de carros: fusão Locamerica-Unidas criou o segundo maior grupo de aluguel de veículos do Brasil". Disponível em: https://g1.globo.com/economia/noticia/2018/09/05/locamerica-para-a-se-chamar-unidas-e-entra-em-assinatura-de-carros.ghtml. Acesso em: 5 set. 2018.

Arquitetura de marcas da Wavin

Outro caso que vimos foi a consolidação das marcas da Wavin na América Latina. Desde 2017, a empresa assumiu na América Latina as outras marcas da Wavin, líderes absolutas em seus países: Pavco (Colômbia, Peru) e Plastigama (Equador), além da própria Amanco (Brasil, México e Argentina). Todas as marcas estão hoje sob uma estratégia única e adotam Wavin em sua identidade, lançada em setembro de 2019, fortalecendo assim a liderança mundial em tubos e conexões.

Perguntei para Patricia Barreros, head of marketing e comunicação Latam da Wavin: Hoje há um desafio grande de eficiência de marcas, consolidação de canais, entre outros pontos. Esse fato ocorre na construção civil?

Consolidar é uma tendência, concentrar os esforços é uma necessidade. Essa necessidade se torna ainda mais latente em momentos de crise, as duas forças combinadas diminuem a dispersão de atenção e a otimização de recursos financeiros e humanos.

Esse foco na performance exige ainda mais da construção de marca, que, muito mais do que um nome e uma identidade visual, é o relacionamento que ela cria com o "ser humano consumidor". Gosto de dizer "ser humano consumidor" porque, não podemos esquecer, essa figura na equação da construção da marca é quem conecta os sentimentos, as emoções e, no novo normal, será ainda mais importante para esse consumidor em busca de marcas que tenham mais a oferecer, mais do que o produto, o preço, mas, principalmente, um propósito da marca para seus públicos estratégicos.

Qual seria a vantagem de uma empresa ter somente uma marca? Simples: custos, foco e massa crítica para dispor de uma escala de comunicação com maior impacto.

Outro ponto importante é que a cultura corporativa da empresa se converge em apenas uma marca. Não existem várias marcas; como alguns especialistas alegam, o que existe é a oportunidade de criarmos "silos" dentro de uma mesma empresa.

A desvantagem? Perda de flexibilidade e, principalmente, perda da oportunidade de segmentar o mercado a fim de atingir uma proposta de valor clara para cada necessidade dos consumidores.

Por exemplo, no site da Unilever Brasil existem algumas marcas no segmento de alimentos. Entre elas, a marca Knorr, Arisco e até Hellmann's. São três marcas criadas para necessidades específicas de mercado ou consumidores bastante específicos.

Seria possível racionalizar as marcas sem perda na participação de mercado? Atenção para o fato de que, em 2000, a mesma Unilever reduziu o seu portfólio de 1.600 para 400 marcas. Vocês se lembram da marca Cica? Era uma das suas marcas e foi vendida nessa época.

Há quem diga que a arquitetura de marcas independentes foi inicialmente concebida por uma empresa multinacional do mercado de lácteos para minimizar os riscos de reputação que uma contaminação do portfólio poderia causar e, com isso, prejudicar as marcas no mundo inteiro.

Outra desvantagem da marca monolítica está associada à falta de flexibilidade em momentos de fusão e aquisição. Ela tem pouca flexibilidade na maneira de gerenciar o pós-aquisição. Ou seja, sem exceção, caso se opte por manter apenas uma marca, esse processo sempre envolve risco.

Quais são as variáveis-chave para dar suporte a uma decisão dessa natureza? Como defensor do valor da marca, obviamente, entenderia que a melhor recomendação seria otimizar o valor futuro do acionista. Mas como?

Considerando-se esse problema, em geral, as alternativas têm de avaliar:

1. Qual é a expectativa de perda na participação de mercado ao substituir uma série de marcas por uma única? Existem vários modelos econométricos bastante sofisticados que quantificam com pesquisas de mercado com consumidores o quanto perderíamos se mudássemos a marca. É possível, com base na contribuição e na força de marcas, estimar essa perda de mercado para cada alternativa com bom grau de precisão.

2. Qual é a redução de custos de comunicação ou de investimentos? Também dimensionamos nas empresas a redução de custos e investimentos em comunicação, canal, processos operacionais, distribuição, entre muitos outros.

3. Qual seria o custo de fazer o rebranding dessa alternativa? Quanto custaria à empresa fazer a mudança da marca de uma arquitetura de marcas independentes para uma monolítica? Em muitas situações, em função do modelo de negócios, a marca monolítica fica inviável. Em um caso que conhecemos, o valor agregado não era superior ao custo de modificar todas as fachadas de lojas no Brasil inteiro de duas marcas, em que uma das alternativas era transformá-las em uma única.

Não existem respostas fechadas para esse tipo de problema, tampouco temos a pretensão de criticar a decisão já tomada. É certo, porém, que existem meios de diminuir o risco de um processo de tomada de decisão dessa natureza, que em essência são papel da inteligência e das pesquisas de mercado.

Marcas em processos de fusão e aquisição

Um paper que classifico como referência para o tema é o paper de Kunal Basu,[5] publicado na California Management Review: "Merging brands after mergers".

Segundo o paper, quando estruturadas as fusões, são consideradas em demasia as sinergias internas de custos, despesas e estrutura operacionais. Muitas vezes, porém, são relegadas a segundo plano sinergias determinadas pelo paper como externas – por exemplo: portfólio de produtos, proposta conjunta de valor e também a cultura organizacional que cada empresa representa –, nitidamente o capital humano e em alguns casos o sistema de distribuição (canal).

São quatro os tipos de configuração mencionados pelo paper nos processos de pós-fusão, considerando duas marcas em um processo: A e B.

---

5   Basu, Kunal. "Merging brands after mergers". Berkeley: University of California – Berkeley Haas School of Business, volume 48, número 4, 2006.

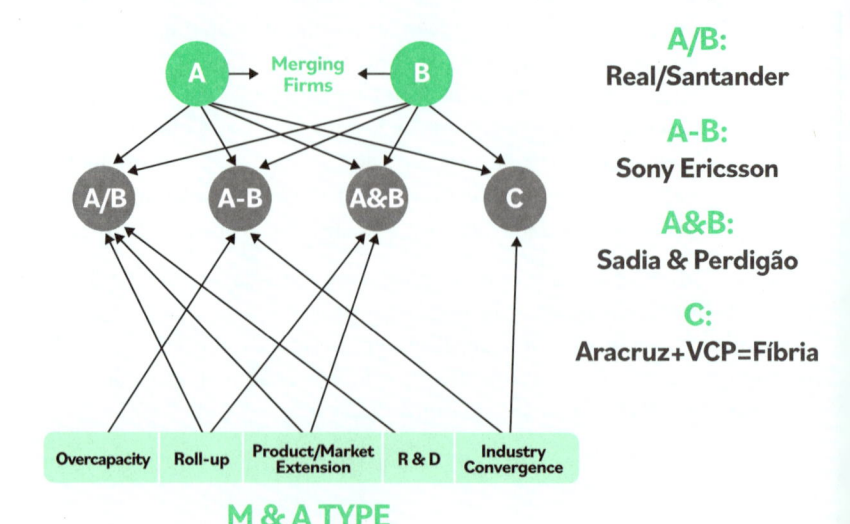

A/B:
Real/Santander

A-B:
Sony Ericsson

A&B:
Sadia & Perdigão

C:
Aracruz+VCP=Fíbria

M & A TYPE

Quatro possíveis configurações de marcas em processos de pós-aquisição.

Fonte: Basu, Kunal. "Merging brands after mergers". Berkeley: University of California – Berkeley Haas School of Business, volume 48, número 4, 2006.

Um ponto importante recomendado pelo artigo é que uma decisão dessa magnitude deveria considerar:

- a visão do seu líder;
- a cultura das organizações;
- a imagem da marca percebida por todos seus pontos de contato internos e externos.

Segundo o artigo, as ferramentas recomendadas são:

- pesquisas de mercado;
- auditorias de mensagens;
- histórico das marcas;
- investigação de sua essência ou do DNA das marcas;
- conhecer a visão estratégica de negócios das empresas.

Outra referência importante de marcas em processos de fusão que Rohit Deshpande e Carin-Isabel Knoop desenvolveram é o paper de "Branding Citicorp's Consumer Business".[6]

Trata-se da fusão do Citibank (um banco de varejo muito forte) com o Travelers (empresa de seguros muito forte), que ocorreu após a regulamentação desse tipo de processo entre um banco e uma seguradora.

Aparentemente, existiam sinergias muito grandes nas duas operações conjuntas. Entretanto, ao tentar implementar a chamada consolidação, as duas empresas eram culturas muito distintas e até mesmo o canal era distinto. Chegaram a tentar fazer uma nova logotipia com a marca CitiGroup e o guarda-chuva que era parte do logotipo do Travelers.

Hoje, essas duas empresas são completamente independentes; essa fusão decepcionou muito o mercado, foi um dos grandes brand failures em processos de pós-aquisição.

Algumas reflexões sobre arquitetura de marcas

No que tange à arquitetura de marcas, busquei mostrar um pouco do porquê uma arquitetura de marcas pode ser algo muito importante na perenidade das empresas e, consequentemente, em uma comunicação mais efetiva.

---

6   Deshpande, Rohit; Knoop, Carin-Isabel. "Branding Citigroup's Consumer Business". Boston: Harvard Business School. Disponível em: https://www.hbs.edu/faculty/Pages/item.aspx?num=30161. Acesso em: 14 abr. 2005.

Anexo – Minha vida no branding

Acho que minha experiência de quase trinta anos nessa indústria (1995-2024), como líder e executor direto de mais de quinhentas avaliações de marcas e de empresas, pode me credenciar a falar um pouco do processo e de pessoas que são referência nessa jornada. Quero, neste capítulo, contar um pouco de toda a trajetória e mostrar que há ciência no tema.

Como vim parar no branding? (1989-1999)

Meu histórico profissional é bem atípico, então quero muito me apresentar para quem ainda não me conhece.

Sou engenheiro de produção da Escola Politécnica da Universidade de São Paulo (Poli-USP), turma de 1989.

Enquanto estava no primeiro ano da Poli, trabalhei como digitador no Banco América do Sul. Depois, fui estagiário na Cooperativa Agrícola de Cotia (CAC) e na Rhodia SA (GGEG/GPCI [Gerência Geral de Engenharia/Gerência de Planejamento de Controle de Investimentos]).

Assim que me formei, fui para minha querida Piracicaba a fim de trabalhar na área de avaliação financeira de projetos e modelos matemáticos de otimização e simulação de sistemas do Centro de Tecnologia Copersucar (atualmente Centro de Tecnologia Canavieira). A Copersucar me permitiu trabalhar e fazer o mestrado em engenharia de produção da Poli-USP.

Concluí o curso e ganhei o Prêmio Unibanco de melhor aluno do mestrado de engenharia de produção da Poli-USP em 1994, cujo orientador foi Israel Brunstein (*in memoriam*). Cursei disciplinas como pesquisa operacional e pesquisa operacional avançada com os mestres Pedro Bueno e Tamio Shimizu, respectivamente, bem como matérias de decisões financeiras sobre incerteza com José Roberto Securato, e modelos de finanças corporativas e derivativos com Abraham Yu da Faculdade de Economia, Administração, Contabilidade e Atuária da Universidade de São Paulo (FEA-USP). A tese foi um complexo modelo financeiro de empresa sucroalcooleira, que envolvia desde a fase agrícola até a fase industrial, em uma metodologia econômico-financeira bastante complexa. Fazia parte de minha banca o professor Fernando Cury Perez, da Escola Superior de Agricultura "Luiz de Queiroz" da Universidade de São Paulo (Esalq/USP).

No passado, quando fui admitido em uma empresa, o departamento de recursos humanos chegou a advertir meu antigo chefe. O comentário foi algo como: "Eduardo tem um teste de QI muito bom, porém ele é muito ansioso, não vai dar certo aqui na empresa." Nunca vi um diagnóstico tão correto. E se você se enquadra nesse grupo, por favor veja minha trajetória, pois sou qualquer coisa menos normal!

Ao mesmo tempo que trabalhava na Copersucar e fazia o mestrado na Poli-USP, lecionava na Universidade Metodista de Piracicaba (Unimep). Isso ocorreu entre 1989 e 1995, época em que dei aula de engenharia econômica para minha esposa, Leo. E foi nesse período que, em associação às matérias do mestrado, li algumas obras consideradas bíblias do valuation, como Tom Copeland[1] e Alfred Rappaport.[2]

E ficava encantado, desde aqueles tempos, com os ativos intangíveis. Ou seja, o valor das empresas não é consequência exclusiva de ativos físicos – fábricas, capital (valor do patrimônio líquido contábil),

---

1 Copeland, Thomas. *Valuation: measuring and managing the value of companies.* 2. ed. McKinsey & Company Inc., 1994.
2 Rappaport, Alfred. *Creating shareholder value: a guide for managers and investors.* EUA: The Free Press, 1997.

estoques etc. –, mas, sim, da expectativa de lucros futuros. Vamos lembrar que em 1995 os processos de privatização, fusão e aquisição de empresas estavam no auge. Eu tomava conhecimento pela imprensa de um processo que apoiava os cálculos de quantificação desse valor. E, apesar de as referências mencionadas serem muito utilizadas para dar suporte a uma série de empresas e negócios, eu nunca tinha feito nenhum processo de valuation.

Grande experiência como sócio-diretor em uma das maiores consultorias de corporate finance do Brasil: Trevisan Consultores (1995-2000)

Pois lá fui eu em meu primeiro desafio empreendedor. Estava em Piracicaba e queria aplicar esse monte de teorias às quais tive acesso em minha vida acadêmica. Enviei currículo para um anúncio da Trevisan Consultores, publicado no jornal *O Estado de S. Paulo*, e lembro que saí do conforto da maravilhosa Piracicaba para a caótica, energética e cheia de oportunidades São Paulo. Naquele momento, eu cursava o doutorado da Poli-USP e pretendia fazer um doutorado-sanduíche, com alguns créditos na Universidade de Chicago. Bem, fui contratado pela Trevisan, empresa que tinha acabado de conduzir a avaliação econômico-financeira da privatização da Light Escelsa[3] – isso em 1995!

Casei com minha namorada, Leo, e fomos trabalhar na Trevisan Consultores em São Paulo, onde tive o orgulho de aprender com gran-

---

3 Jusbrasil, artigo do Tribunal de Contas da União. Publicado em 12/5/2004. Extraído de https://tcu.jusbrasil.com.br/jurisprudencia/339346681/desestatizacao-des-1313720038/inteiro-teor-339346690.

des mestres, como o próprio Antoninho Marmo Trevisan, Eduardo Poceti, Luis Nelson Porto Araujo, Francisco Cipullo, Edison Cunha, Wagner Teixeira, Toshinobu Ushirobira, Sergio Murashima, Marcelo Matusita e Andrea Caceres. Era uma mescla de contadores, economistas e engenheiros que realmente formavam um time muito forte. Lá tive a honra de conhecer a história de vários empresários, com espírito empreendedor também muito forte. Destaco alguns:

- O próprio Antoninho Marmo Trevisan, que era da Price Waterhouse (hoje PwC) e tinha vocação muito clara para educação, abriu a Trevisan do zero e estruturou uma empresa com vários segmentos, inclusive a Faculdade Trevisan. Mente brilhante e grande visionário, esse grande líder – e palmeirense, como eu – me ensinou muito. A Trevisan foi uma referência absoluta em auditoria, tributos, consultoria e educação. Tempos depois, quando eu já havia aberto a BrandAnalytics, fomos tomar um café e ele me deu conselhos, mais uma vez maravilhosos. Grande ser humano e um empreendedor maravilhoso!

- Rubens Ometto e Pedro Mizutami, quando iniciavam a construção desse império chamado Cosan e eram ambos da Poli-USP.

- Marcelo Telles, quando iniciou a Ambev em 1997.

Enfim, uma grande escola de executivos e empreendedores que mostravam o quanto o Brasil era – e acho que ainda é – um país de muitas oportunidades. Em uma apresentação, que lembro ter feito na França pela Cosan, queríamos muito enfatizar os atributos de empreendedorismo, desenvolvimento tecnológico e o altíssimo nível dos profissionais brasileiros que fazem sucesso no mundo inteiro. Rubinho sempre falava o quanto parecia que as pessoas conhecem o Brasil somente de Carnaval e praias, e o Brasil tem muito mais no mundo dos negócios. Isso era em 1997, e como ele tinha razão!

Entrei como consultor sênior na Trevisan e em três anos eu me tornei sócio; desse momento em diante, dediquei minha vida profissional à empresa e deixei de lado o doutorado-sanduíche que buscava.

Conto em minha carreira mais de duzentas avaliações de empresas nesse período de cinco anos de emprego da metodologia do uso econômico ou fluxo de caixa descontado. Calcula-se o valor de uma empresa com base na expectativa de lucros futuros, os quais eram atualizados a uma taxa de desconto. No fundo, esse é o conceito de como calcular o valor dos ativos intangíveis ou fundo de comércio – diferença entre o valor de mercado e o valor patrimonial da empresa. A partir de 2008, a Lei 11.638-07 especifica métodos de contabilização do ativo intangível.[4]

> *Medir o valor de intangíveis de empresas é o Santo Graal da contabilidade. Em muitas empresas, o know-how de funcionários, os sistemas de informações e a cultura organizacional valem muito mais que os ativos tangíveis.*[5]
> **Kaplan & Norton**

"Intangible assets add to a company's future worth and can be far more valuable than tangible assets. Both of these types of assets are initially recorded on the balance sheet, which helps investors, creditors, and banks assess the value of the company.

Intangible assets are intellectual property that includes:

- Patents, which provide property rights to an inventor

- Trademarks, which are a recognizable phrase or symbol that denotes a specific product and differentiates a company

- Franchises, which are a type of license that a party (franchisee) buys to allow them to have access to a company's brand and sell goods under its name

- Goodwill, which represents the value above and beyond a target company's assets that another company pays when acquiring the target company

Copyrights, which represent intellectual property that's protected from being used or duplicated by non-authorized parties."[6]

---

4   Para os que se mostrarem interessados no tema, este é um artigo sobre a definição de valor de ativos intangíveis. Disponível em: http://www.portaldecontabilidade.com.br/tematicas/ativosintangiveis.htm. Acesso em: jan. 2023.

5   Kaplan, Robert; Norton, David. "Medindo a prontidão estratégica dos ativos intangíveis". In: *Harvard Business Review*. 2004.

6   Murphy, Chris. "Tangible assets vs. Intangible assets: what's the difference? In: *Investopedia*. Disponível em: https://www.investopedia.com/ask/answers/012815/what-difference-between-tangible-and-intangible-assets.asp. Acesso em: 10 jan. 2024.

Em um desses casos, você cruza com pessoas que, de fato, mudam muito o caminho de sua vida. Em 1997, fui recomendado por Ricardo Guimarães para uma avaliação de ativos intangíveis de um cliente que estava estabelecendo parceria com uma empresa americana. E fui apresentado por Andrea Caceres, consultora que trabalhou comigo na Trevisan e, posteriormente, na BrandAnalytics. O trabalho foi um grande sucesso.

Nesse contato com Ricardo Guimarães, ele apresentou algo que me encantou: o branding. E sua paixão e seu conhecimento técnico me impressionaram muito.

Ricardo Guimarães fundou a Thymus, hoje referência absoluta em branding, e sua vasta experiência inclui ter sido o consultor de vários casos, entre eles dois que conheci bastante um tempo depois: Natura e Banco Real. Admiro demais o Ricardo, foi ele quem me iniciou nessa trajetória.

Daí em diante, empreendedor e técnico que sou, fui buscar referências acadêmicas sobre o tema e comecei pelo livro de David Aaker.[7] Encantei-me pelo branding, e uma coisa que chamou minha atenção foi como esse tema se conectava com o valor dos ativos intangíveis, ou seja, que parte daquele ativo intangível era a marca.

> Muitos falam que não há ciência no brand valuation, mas não é verdade. Vim de uma formação em engenharia, e também dei suporte a inúmeros processos de avaliação do ativo intangível, que é, pela própria definição, baseado em premissas, mas que a ciência consegue cada vez mais validar uma vez que as empresas são cotadas em mercados de capitais e o valor de mercado é bem superior ao valor de livros (Book Value).

Como nessa época ainda não existiam muitas publicações na internet, eu aproveitava todas as viagens aos Estados Unidos e adquiria livros na Barnes & Noble ou na Borders para compor minha respeitável biblioteca. E sempre minhas malas vinham cheias de livros de branding e valor da marca. Hoje, faço isso com minha estante virtual, mas naquele momento – antes de 2000 – o mundo era bem mais físico.

---

7   Aaker, David. *Managing brand equity: capitalizing on the value of a brand name*. EUA: The Free Press, 2009.

Líder de brand valuation para o Brasil e região Latam/Ibéria de uma das empresas líderes globais de branding Interbrand (2000-2006)

Bem, fui o primeiro empregado da Interbrand no Brasil em 1999, contratado por Román Perez Miranda e Alfredo Alves de Lima, dois profissionais que se tornaram grandes amigos e pelos quais guardo grande carinho e respeito.

Jan Lindemann, líder global de brand valuation durante boa parte do meu tempo na Interbrand, escreveu a obra *The economy of brands*.[8] Segundo ele, o maior impulso para que os contadores e o mercado se mobilizassem para o tema foi quando a RHM (voltaremos a falar do caso da RHM [Rank Hovis McDougall] adiante) e outras detentoras de marcas demandaram tratamento mais específico em 1985. E levou quase uma década para que as entidades regulatórias de padrões contábeis definissem padrões contábeis mais claros para esse reconhecimento.

Eu tive o privilégio de ser treinado pelo criador da metodologia de brand valuation, Raymond Perrier, no ano de 1999, em Nova York. Raymond era indiano, formou-se em Oxford e atuou como diretor global de brand valuation. Ele acumulava o cargo de managing director de um dos maiores escritórios da Interbrand em Nova York quando decidiu deixar a empresa para ser padre na África. Um ser humano brilhante e de grande nobreza.

Em meu primeiro dia de treinamento, ele me deu um livro que me marcou muito: *The new strategic brand management*,[9] de um autor francês chamado Jean-Noël Kapferer. A obra continha casos de empresas europeias em sua versão inicial, o que foi uma referência bem importante.

---

8 Lindemann, Jan. *The economy of brands*. Londres: Editora Palgrave Macmillan, 2010.
9 Kapferer, Jean-Noël. *The new strategic brand management: creating and sustaining brand equity long term*. Londres: Kogan Page, 1997.

Ainda lembro algo que ele disse no fim do treinamento e que até hoje uso em meus trabalhos:

> Agora que você conhece o brand valuation, lembre-se de que essa é somente uma ferramenta. Quem usa a ferramenta é a sua capacidade. E a credibilidade vem principalmente de quão razoáveis são as premissas definidas para a ferramenta.[10]

E foi a mais pura verdade. Não somente no brand valuation, mas também no branding.

De volta ao Brasil, iniciamos a consultoria em São Paulo no ano de 2000. Que odisseia! Trouxemos esse conceito do valor de marca e demos suporte a inúmeras operações de fusão e aquisição; sem dúvida, criou-se no mercado a percepção de que havia um forte player e uma alternativa de brand valuation para o mercado brasileiro.

Outra pessoa a quem tenho de agradecer todo o aprendizado é meu amigo inglês Simon Cole, que me ensinou sobre a condução de projetos de valor de marca, como se deu na marca de bancos mais valiosa do Brasil e na Tigre.

Román-Perez Miranda teve em minha carreira papel muito importante como líder quando estendemos o brand valuation aos escritórios do Chile, da Argentina, do México, de Portugal e da Espanha. Ele era – e talvez ainda seja – uma pessoa incrível com clientes. Na época, era diretor de brand valuation para esses mercados, com escopo muito forte em marcas líderes de cada mercado. E estou certo de que consolidamos essa liderança em cada um dos mercados. Aqui estão várias pessoas que trabalhavam comigo: Tatyana Freitas, Elizabete Gonçalves, Igor Pinto, André Galiano, Paula Helena, Marcos Ikegami (Brasil), Mathias Corbella (Chile), Ignacio Mazudan (Argentina), David Clifton (México) e Pedro Veloso (Portugal [este *in memoriam*]), Rahim Ahamad, Jaime Martin (Espanha e Portugal). Exímios profissionais em cada país, faziam do trabalho algo divertido.

Lançamos em 2000 o ranking das marcas brasileiras mais valiosas na antiga *Gazeta Mercantil*. De 2003 a 2005, esse ranking passa a ser divulgado na revista *Isto É Dinheiro*.

---

10 Perrier, Raymond. Líder em brand valuation de uma importante empresa de consultoria. *Brand valuation*. 3. ed. Londres: Premier Books, 1997. 248 p.

Em 2005 eu também assumi o papel de managing director da Inter-brand Brasil, e isso mostrou que meu ciclo tinha acabado, portanto era hora de sair e buscar o sonho antigo de abrir uma empresa do zero – muito inspirado por meu antigo líder Antoninho Marmo Trevisan. Parece-me bem claro que há perfis de pessoas que são executivas, e estas merecem, de minha parte, um grande respeito. Mas há outros que são empreendedores, que querem colocar negócios de pé do nada. Eu me coloco, definitivamente, nesse segundo grupo.

Fundador e diretor-geral de uma consultoria de branding nova, a BrandAnalytics (2006-2013)

Em 2006 eu e André Galiano fundamos a BrandAnalytics, e a ele agradeço muito os quase 17 anos que estivemos juntos nessa e na outra empresa. Grande ser humano, sujeito muito do bem, e uma das pessoas mais inteligentes que já conheci.

Bem, a ideia inicial da empresa era fazer uma consultoria de nicho para médias empresas para termos qualidade de vida, pois tanto eu quanto ele tínhamos acabado de ser pais – eu, do Dudu e ele, da Sofia.

Essa ideia, porém, mudou muito no momento que percebemos algo interessante. Como era um tema extremamente novo, as empresas pequenas e médias não tinham maturidade para contratar um trabalho de branding ou brand valuation. Quando abrimos a BrandAnalytics, foi recomendado a algumas empresas interessadas que contratassem uma consultoria de branding que tivesse bom reconhecimento no mercado, com casos consolidados ou uma boa base de clientes, ou que pertencesse a uma empresa global.

Lembro-me de um cliente falar sobre o alto risco de me contratar e eu virar executivo de uma grande multinacional, já que eu não era consultor, só estava nessa posição. Por mais que eu afirmasse já ser de fato um consultor, acho que esse executivo já havia passado por problema semelhante: profissionais que não são consultores, e sim estão consultores. Em momentos de crise isso se torna até mais frequente.

Outro executivo me disse algo mais desesperador ainda, disse que não teria como justificar minha contratação, pois antes eu era o Tomiya da empresa anterior. Tinha um sobrenome em cima de meu sobrenome. Mas, como taurino, sou teimoso; queria muito esse novo projeto e não desisti. Meu sócio, André Galiano, me ajudou muito nessa época também.

Não era o projeto, mas, sim, uma causa. Aprendi nesse momento, na prática, o que era o propósito de marca.

> **Todos olham as pingas, mas esquecem os tombos. Não pense você que abrir uma empresa não dá trabalho ou não é arriscado. Faça tudo muito estruturado, e em momentos de novo normal tenha cuidado redobrado – principalmente para uma NewCo em consultoria.**

Mas conseguimos duas contas bem importantes: uma grande instituição financeira e a maior empresa de petróleo do Brasil. Então, olhei para meu sócio e disse:

> **Muito legal. Temos um negócio que mudou muito do que pensávamos. Isso vai nos dar muito trabalho, mas temos de nos estruturar para isso e mais ainda. Precisamos ter, em médio prazo, um parceiro global forte.**

Ampliamos muito o time, a equipe, e são incontáveis os consultores que nos ajudaram nessa época. De fato, o mercado entendia que nossa oferta era muito complementar e viramos, sem sombra de dúvida, uma das empresas mais importantes de brand valuation para o Brasil. Foram inúmeros casos nesse sentido – boa parte dos quinhentos que citei. Definitivamente, o valor de marca entra como um tópico para empresas.

Nesse tempo eu também entendia ser importante lecionar sobre o tema, pois ninguém tinha ideia do que era branding, principalmente brand valuation. Dei aula em importantes cursos, proferi muitas palestras e gostaria de mencionar a universidade, os cursos de MBA que ministrei, tanto quanto os coordenadores de curso:

- Universidade Positivo – oito turmas de branding em Curitiba, sob coordenação de Marcelo Gallina e Rogério Mainardes.
- Faculdades Integradas Rio Branco – fui um dos primeiros professores do curso de branding de 18 edições, sob coordenação de Antonio Roberto.

- Fundação Getulio Vargas (FGV) – mais de oito turmas no MBA de marketing e Master of Business Comunication (MBC), com o professor Antonio Jesus Cosenza.

- Fundação Dom Cabral (FDC) – MBA Executivo, com o professor John Miller.

- Fundação Armando Alvares Penteado (FAAP) – gestão da moda, sob coordenação de Aminon Armoni, e gestão do luxo, com Carlos Ferreirinha e Sonia Helena.

- INPI – academia de marcas, sob coordenação de Araken Alves Lima.

Também sou frequente fonte de informações sobre o tema branding em diversos veículos aos quais dei entrevistas sobre o assunto, a destacar a revista *Isto É Dinheiro*, na qual, desde 2003, publicamos as marcas mais valiosas. Aproveito para incluir aqui uma homenagem especial a dois grandes amigos: Joaquim Castanheira e Milton Gamez, ambos *in memoriam*. Também dedico esta obra a Carlos Sambrana, Ralph Manzoni e Celso Mason, grandes apoiadores do valor da marca, e agradeço a CBN, NeoFeed, Meio&Mensagem, *Exame*, *Valor*, *Veja* e *Globo*.

Solicitei a dois professores meus, verdadeiros "evangelistas" do branding, um depoimento sobre minhas aulas.

Antonio Roberto, em primeiro lugar, o precursor de cursos de branding no Brasil e meu coordenador no New Branding Innovation MBA das Faculdades Rio Branco, líder de mercado por mais de 18 anos. Lá, eu lecionava aulas nos módulos de branding e valor da marca:

> **As aulas do Eduardo Tomiya eram sempre muito aguardadas pelos alunos das diversas turmas do curso. Como é um profissional muito experiente que esteve à frente de grandes projetos no mercado nacional e internacional, trazia grandes cases para contar além de uma metodologia muito clara e eficiente para o brand valuation no curso. Grande professor!!!**
>
> **Antonio Roberto de Oliveira**

Marcelo Gallina, em seguida, idealizador e coordenador do curso de MBA de branding na Universidade Positivo desde 2009:

> Desde 2009, tivemos a honra e o prazer de ter Tomiya como um dos seletos professores e profissionais da área, na pós em branding: gestão de marcas da Universidade Positivo. Além de nos abrilhantar com seu conhecimento teórico e sua experiência profissional, "marcou" a vida de todos que passaram pela sala de aula com sua simpatia, atenção e seu profissionalismo. Excelentes discussões e histórias compartilhadas. Ser humano incrível, sempre declarava sua paixão pela família, pela boa carne e pelo Palmeiras. Na verdade, fomos privilegiados pelos momentos que passou por aqui, todos guardados no coração e na memória.
>
> **Marcelo Gallina**

Diretor-executivo de consultoria da empresa líder global de dados, informações e consultoria para América Latina: Kantar (2013-2020)

Em 2013 nossa empresa foi adquirida pela Millward Brown Optimor, que à época era a divisão de consultoria do prestigioso instituto de pesquisas de mercado Millward Brown, pertencente ao Grupo WPP. Fui diretor-executivo para a América Latina da Millward Brown Optimor, Millward Brown Vermeer, Kantar Vermeer, Kantar Consulting e, finalmente no meu último cargo, diretor-executivo na divisão de consultoria da Kantar para a região.

E que aprendizado e convivência eu tive lá: Sonia Bueno, Melissa Voguel, Valkiria Garré e todos os componentes das inúmeras divisões da Kantar. Gostaria muito de agradecer a Ann Newman, CEO da WPP para a América Latina, que foi quem conduziu a aquisição da BrandAnalytics. Também aprendi bastante com alguns líderes globais: Mario Simon, Beth Ann Kaminkow e agora, na Kantar, minha última empresa, Philip Smiley.

Senti muito quando saí, pois éramos como uma família na consultoria. Debora, Rodrigo, Mari, Carlos, Mayara, Cauê, Crislane e Robson foram os últimos que tive em minha equipe.

> **Fui a adição mais recente ao time de consultoria da Kantar e, em poucos dias, pude perceber a enorme sintonia existente. A equipe conta com profissionais extremamente competentes e dedicados, background e estilos distintos, o que a torna preparada para lidar com os diversos desafios. Cada dia é um aprendizado novo nessa equipe – ou melhor – nessa família!**
>
> **Rodrigo Albuquerque, diretor da divisão de consultoria da Kantar Brasil(2000)**

Foram tantas pessoas que passaram pela BrandAnalytics, Kantar Consulting. Algumas gostaria de destacar: André Galiano, Tatiana Lindenberg, Roberto de Napoli, André Ximenez, Suzana Roos, Edson Kawabata, Patricia Yasawa, Marcel Alves, Andrea Caceres e Thales Sakamoto, além dos inúmeros sócios, diretores e consultores com os quais tive a oportunidade de trabalhar nesse período todo. Para vocês terem uma ideia do que era essa empresa e de que fomos mesmo uma família; tivemos até dois casamentos entre colaboradores, dos que sei oficialmente.

Desde 2003, fui também responsável pelo ranking das marcas brasileiras mais valiosas da *Isto É Dinheiro*, e a partir de 2009 incorporamos à publicação a metodologia do ranking BrandZ das marcas mais valiosas da América Latina, uma das principais referências sobre o tema. Aqui vai meu mais sincero obrigado ao amigo David Roth, do Grupo WPP, que sempre foi grande apoiador dos rankings da América Latina e adicionava muito aos mais de 12 eventos que fizemos aqui no Brasil.

Mas achei que meu ciclo tinha se encerrado... Em dezembro de 2019, ao retornar de um jogo do PSG (Paris Saint-Germain) com meu grande companheiro de futebol, o Dudu, fomos jantar em um boteco bem raiz, e depois de algumas cervejas falei com ele: escreverei meu quarto livro. E começarei uma nova empresa de consultoria.

Já avisei que seria um pouco difícil o início, mas era o que queria muito. Só não tinha ideia da covid.

O livro eu trago aqui! A empresa nova também evoluiu. Lancei minha nova empreitada, a TM20 Branding – branding e insights (www.tm20.com.br), empresa focada em projetos de branding e brand valuation.

CEO e sócio fundador da TM20 Branding (2020 – hoje)

A TM20 Branding nasce com escopo bem claro, como vocês vão observar nesta obra. Tenho a ambição de que essa empresa seja a conexão e integração do lado esquerdo do cérebro, responsável pelo lado analítico – representado aqui pelo valor de marca –, com o lado direito, criatividade. O slogan "Branding com criatividade e por quem avalia marcas" foi pensado com o objetivo de construir marcas valiosas.

A TM20 Branding tem o "TM" de ToMiya, mas também de TradeMark. E tem o "20" de seu ano de fundação, pois quero "marcar" seu surgimento em uma das piores crises que já vimos, porém adaptada a características deste novo normal. E segundo a BBC,[11] várias marcas muito fortes começaram no meio de grandes crises. A GM (General

---

11 Belton, Padraig. "Why a recession can be a good time to start a business". In: *BBC News*. Disponível em: https://www-bbc-co-uk.cdn.ampproject.org/c/s/www.bbc.co.uk/news/amp/business-53075485. Acesso em: jun. 2020.

Motors) foi fundada em 1908, logo após o que eles chamam de "The Panic of 1907". A marca Burger King teve sua primeira franquia em 1953, também em um ano de recessão. A marca CNN começou seus broadcasts em 1980, quando a inflação dos Estados Unidos estava em 15% (mas acho que isso era bem atípico naquele país). Uber e Airbnb apareceram durante a crise financeira de 2007 a 2009.

> *Esses exemplos mostram que muitas das melhores e mais duradouras empresas são criadas durante períodos de crise.*
> **Dane Strangler, membro do Bipartisan Policy Center, em Washington DC**

Logotipo da TM20. A identidade visual da marca foi feita pela Rebu, agência de Andreazi e Pedro Matos.

Lembro-me de cada passo dessa nova empresa, desde os primeiros clientes em 2020 – Fesa, Petix e Reserva de Metais – a meus leais colaboradores, que vieram da empresa anterior: Robson Bertolani, Cauê Nascimento, Crislane Nunes e Mayara Naif.

Nessa época, verifiquei maturidade maior do mercado se comparado a 2006, ano em que abrimos a BrandAnalytics. Notou-se interesse genuíno de empresas em busca de uma proposta de valor mais focada em um profissional especialista *on-the-job*, mas, ao mesmo tempo, com entrega bem mais exigente, apoiando decisões muito complexas e utilizando-se de fato de analytics e insights para minimizar o risco de uma decisão.

Em janeiro de 2021, infelizmente peguei covid e fiquei quase um mês na UTI, pois sou diabético. Grande aprendizado, mostrou como somos frágeis e como tudo pode mudar do dia para a noite. Meu maior aprendizado foi descobrir quanta solidariedade humana ainda existe;

pessoas que eu pouco conhecia queriam saber de mim. Enfim, algo muito legal. Ao mesmo tempo, uma vontade enorme de voltar ao mercado e voltar ao normal, que nesse caso demandava um esforço maior, pois é incrível como a covid foi algo complicado.

Afinal, voltei em março, determinado a construir a marca agora com um propósito bem definido e que pudesse associar minha experiência a projetos. Precisava muito de um profissional com vasta atuação em consumer insights, e gostaria que fosse alguém alinhado aos meus princípios e valores, mas principalmente que fosse sênior e tivesse a mesma disposição que tinha em ser *hands-on*. O destino me trouxe a Silvia Quintanilha, ex-vice-presidente da Kantar divisão insights, minha ex-colega. Com ela, em 2007, desenvolvi um dos projetos mais interessantes na Petrobras. Elaboramos em equipe o projeto de quantificação do valor financeiro da marca Petrobras, que englobava toda a pesquisa de equity da marca Petrobras no Brasil e na Argentina, eu na BrandAnalytics e Silvia na Millward Brown. Ou seja, o mercado nos coloca trabalhando em conjunto, já demandando uma conexão de projetos de consultoria e pesquisas de mercado. Com a Silvia como diretora de insights, realmente a TM20 ganhou muita relevância.

> *O casamento da pesquisa de mercado com a consultoria aporta um valor inestimável aos projetos, entregando aos nossos clientes a percepção do público externo das marcas com o olhar consultivo por sobre os resultados. É a união perfeita buscada pelo mercado para minimizar os riscos de suas decisões de negócios.*
> **Silvia Quintanilha, diretora na TM20**

Parte dessa equação também incluía consultorias de branding. E me concentrei em não me empenhar em projetos de criação de marcas ou em toda a fase de implementação de recomendação de branding.

Mas aí, mais uma vez, verifiquei que eu e o Gian Franco, da Pande,[12] tínhamos sido contratados em 2005 por um cliente, a Locamerica, para desenvolvermos juntos um projeto de branding que resultaria na nova marca da empresa.

---

12 Pande. Disponível em: https://pande.com.br.

Eu e o Tomiya nos conhecemos há muitos anos. No começo foram os clientes que viram em nós uma grande sinergia de nossos modelos de pensamento e nos colocando para trabalhar juntos. Entre os vários projetos em que trabalhamos juntos, acho que o da Locamerica talvez tenha sido um dos mais especiais e emblemáticos. Foram muitas horas de discussão para pensarmos juntos a estratégia de marca daquela que viria a se tornar uma das maiores empresas de locação de veículos do país. De braços dados com os principais executivos da companhia, nosso desafio era o de prepará-la para o IPO. Do pensamento estratégico de marca até a transformação da estratégia em ativos culturais, treinamos mais de 800 colaboradores em um curto espaço de tempo. Lá se vão mais de 15 anos de parceria com um cara que me impressiona todos os dias com sua clareza de pensamento e visão estratégica super-refinada.

Gian Rocchiccioli, partner & chief strategy officer da Pande Design

E esse foi um dos projetos mais prazerosos em que já trabalhei e no qual tive a grata felicidade de trabalhar com o Gian, um dos maiores parceiros de branding. Foi assim com Acal, FTD e Cerpa. Assim também foi com as marcas Eternit, Masisa, entre muitas outras.

Também temos grande orgulho de participar como consultores do ecossistema da Design Bridge & Partners. E nesta tenho um histórico pessoal com seu líder no Brasil, Marcelo Bicudo. Fizemos alguns trabalhos nos quais a complementariedade natural também nos levou a posições confortáveis em desafios de projetos de branding, tal qual ocorreu com clientes como Wavin e Artecola. Os clientes nos chamavam para pesquisa de mercado e recomendação dos insights externos para o projeto de branding, com desdobramento em todos os pontos de contato dos públicos interno e externo à marca.

A BrandAnalytics – minha antiga empresa – foi adquirida no mesmo ano que a Epigram foi adquirida pelo Grupo WPP, em 2013. Fomos, portanto, colegas da WPP naquele momento, e sempre recebemos ofertas bastante incentivadoras à integração. Ele, que seguiu e segue no Grupo até hoje com a Design Bridge & Partners, e eu participamos do ecossistema dessa empresa, fornecendo soluções integradas de branding.

> Não há parceria melhor do que a de um arquiteto e um engenheiro. É assim que Tomiya e eu trabalhamos. Ele engenheiro e eu arquiteto de formação, os dois atuando há mais de 25 anos no mercado de comunicação, marcas e design. Insights estratégicos emergem dos dados e da observação direta, ou seja, criatividade e dados precisam caminhar juntos. Um não vive sem o outro. Em um mundo cada vez mais pautado pela incerteza e pela mudança constante é necessário construir marcas fortes, que tenham propósito e intenção, que construam valor em todos os sentidos, principalmente para o mundo e não apenas para o ser humano. Trabalhamos para negócios e marcas em busca de um equilíbrio homeostático com seus contextos e seguimos, incessantemente, erguendo as obras de uma vida. Assim como Gaudí fez com a Sagrada Família, uma marca precisa ser nutrida e construída todos os dias, afinal são elas as grandes responsáveis pela mediação no nosso mundo contemporâneo. É isso que estratégia e criatividade fazem juntas. Um mundo melhor.
>
> **Marcelo Bicudo, CEO da**
> **Design Bridge & Partners Brasil**

Clientes da TM20 Branding

Nesses quatro anos, fomos extremamente felizes com nossos inúmeros clientes e com a consolidação da nossa proposta de valor.

> A nossa experiência com a TM20 foi das melhores possíveis. Encontramos em Eduardo Tomiya, Silvia Quintanilha e nos demais profissionais que integram a equipe uma acolhedora e sábia abordagem. O time alia de forma muito feliz o melhor da consistência metodológica com a capacidade de escuta e amadurecida sensibilidade. O resultado foi o reconfortante endosso que veio chancelar – com rigor técnico, isenção e expertise profissional – o mérito de uma marca construída ao longo de uma trajetória de 105 anos.
>
> **Pedro Flexa Ribeiro, diretor do Colégio Andrews**

Cooperativas de crédito

Em minha experiência anterior, tive bastante contato com o segmento de cooperativas:

- Na CAC (Cooperativa Agrícola de Cotia) conheci os projetos de assentamento da Cooperativa no Nordeste, que foram muito importantes para o desenvolvimento de regiões como Barreiras, na Bahia.
- Trabalhei também no Centro de Tecnologia Copersucar.
- Na Trevisan Consultoria tive contato com inúmeros projetos de restruturação de cooperativas.

Em 1995 o segmento de cooperativas estava bastante exposto a crise, pois, após a abertura de mercado, houve imenso aumento de competitividade no setor. Participei pessoalmente de algumas restruturações promovidas por bancos, como Bradesco e Banco do

Brasil, e posso citar uma delas, a Vinícola Aurora, como exemplo de reestruturação realizada no ano de 1996. Já tinha noção do significado de cooperativa, mas o papel social dessas organizações, nas quais o fornecedor é sócio, ficou bem mais claro quando tive a oportunidade de conhecer Bento Gonçalves. Conheci também a Cooperativa Batavo, referência em mercado lácteo no estado do Paraná, bem como a Itambé, referência em Minas Gerais.

O destino nos trouxe como cliente o Sicoob nacional. Quando ouvi em 2018 pela primeira vez o que era o Sicoob e sua proposta de valor, realmente me interessei e abri uma conta-corrente em uma de suas singulares, a Credicitrus.

E quais seriam os motivos por trás desse interesse? É que, de um jeito autêntico, era possível ver na cooperativa de crédito um papel social indiscutível uma vez que os lucros são distribuídos em uma conta capital. Ou seja, como empreendedor nato, era uma proposta de valor muito interessante ser cooperado e sócio ao mesmo tempo. E tenho a percepção de que os preços são justos – ou mais justos que os dos concorrentes. Hoje, com as normas de um fundo garantidor chamado FGCoop (Fundo Garantidor do Cooperativismo de Crédito), tenho as mesmas garantias de uma conta-corrente. Mais ainda, ao acessar o aplicativo, tem-se a grata surpresa de a conta estar em um nível semelhante ao da conta de um banco digital ou tradicional. Desde 2021 Sicoob é a marca que a equipe toda tem enorme prazer em assessorar.

A expertise da TM20 em KPIs de monitoramento, aliada ao seu rigor técnico e abordagem moderna na busca por dados, proporcionou uma análise precisa e mensurável do desempenho das nossas estratégias de marketing. Essa contribuição foi fundamental para estabelecer métricas objetivas, reduzir a subjetividade do marketing e embasar nossas decisões de forma mais sólida. Essa gestão mais técnica e direcionada da marca Sicoob impulsionou nosso crescimento e fortaleceu ainda mais a nossa posição no mercado. Por isso, expressamos nossa gratidão a Eduardo Tomiya e toda a sua equipe por essa parceria de sucesso, na qual a cooperação e a colaboração se mostraram mais uma vez fortes impulsionadoras do êxito.
Cláudio Halley, superintendente de estratégia e gestão do Sicoob

Outra experiência muito semelhante foi com a Cooperativa de Crédito Ailos, de Santa Catarina. Realizamos um trabalho no qual qual entendemos de maneira muito quantitativa os atributos dessa importante marca.

Para quem se interessar pelo tema cooperativismo, outro cliente nosso, a OCB (Organização das Cooperativas do Brasil) publicou recentemente o Anuário Coop, que mostra um estudo realizado pela Fipe (Fundação Instituto de Pesquisas Econômicas) com dados quantitativos sobre o movimento do cooperativismo no Brasil.[13]

Avaliação de marcas

Sem dúvida, tivemos a oportunidade de realizar inúmeros projetos de quantificação do valor financeiro, o que constituiu uma ponte para o marketing e branding com diretores financeiros, CEOs e acionistas. Entre eles, a TM20 Branding se especializou no que denominamos tracking de valor de marca, sendo responsável por monitorar o valor de importantes marcas como Sírio-Libanês, BV Financeira e Sebrae (Serviço Brasileiro de Apoio às Micro e Pequenas Empresas).

Ou seja, quatro anos após sua fundação, depois de muito esforço e trabalho, tenho a percepção de que nos transformamos em uma espécie de butique de branding e insights. Hoje, somos uma das referências no tema, com projetos que merecem toda a minha dedicação pessoal na execução. Nossa equipe é muito importante para o sucesso atual, em que vivenciamos um momento de muita mudança, crise, turbulência, dificuldades, mas, principalmente, repleto de oportunidades.

Gostou? Entre em contato com meu perfil no LinkedIn[14] e seja nosso parceiro e cliente. Visite o site www.tm20.com.br.

Começamos um projeto pelos elementos básicos e as camadas vão sendo adicionadas. Essa é a mágica. E o resultado final, invariavelmente, entrega mais ao cliente do que ele antecipava que receberia. É o sonho do consultor realizado! Ir além, sempre além.

---

13 Sistema OCB. https://www.linkedin.com/posts/sistemaocb_fipe-pesquisafipe-cooperativismo-activity-7103347578167078912-AG4K?utm_source=share&utm_medium=member_android. In: *LinkedIn*.
14 Tomiya, Eduardo. https://www.linkedin.com/in/eduardo-heiji-tomiya-559304/. In: *LinkedIn*.

A Editora Senac Rio publica livros nas áreas de Ambiente, Saúde e Segurança; Gestão, Negócios e Infraestrutura; Desenvolvimento Social e Educacional; Hospitalidade, Turismo, Lazer e Produção Alimentícia; Produção Cultural e Design; Informação e Comunicação.

Visite o site **www.rj.senac.br/editora**, escolha os títulos de sua preferência e boa leitura.

Fique atento aos nossos próximos lançamentos!

À venda nas melhores livrarias do país.

Editora Senac Rio
Tel.: (21) 2018-9020 Ramal: 8516 (Comercial)
comercial.editora@rj.senac.br

Fale conosco: faleconosco@rj.senac.br

Este livro foi composto nas tipografias Tandelle e Bilo e impresso pela Coan Indústria Gráfica Ltda., em papel offset 90g/m², para a Editora Senac Rio, em julho de 2024.